백년의
교도소

백년의 교도소

교육으로 감옥을 보다

초판 1쇄 펴낸날 | 2026년 1월 1일

지은이 | 유주영
펴낸이 | 고성환
펴낸곳 | (사) 한국방송통신대학교출판문화원
(03088) 서울시 종로구 이화장길 54
전화 1644-1232
팩스 (02) 741-4570
홈페이지 https://press.knou.ac.kr
출판등록 1982년 6월 7일 제1-491호

출판위원장 | 박지호
책임편집 | 이두희
문장손질 | 이여름
편집디자인 | (주)성지이디피
표지디자인 | 김민정

ISBN 978-89-20-05494-5 93370

값 18,000원

교육으로 감옥을 보다

백년의 교도소

유주영 지음

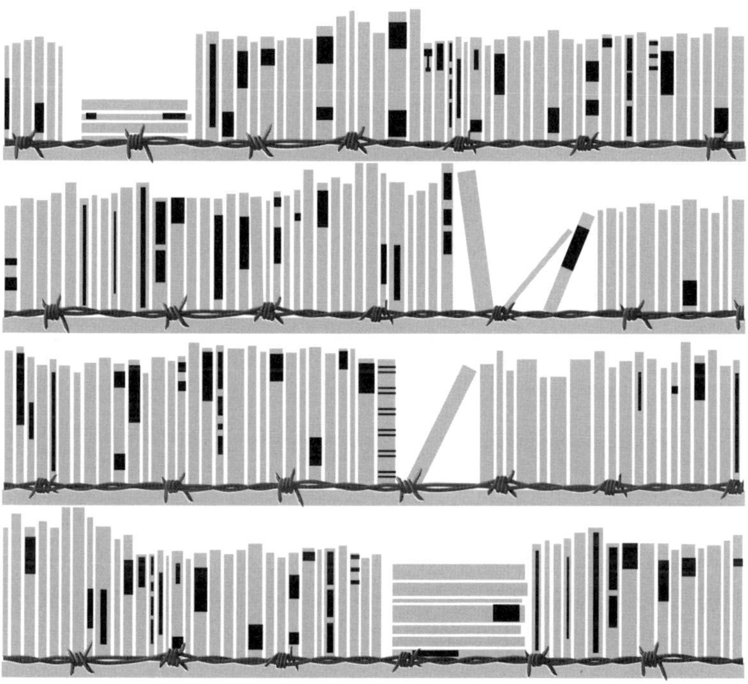

지식의날개

■ **일러두기**

- 이 책은 유주영(2021)의 〈평생교육기관으로서 교도소의 기능 변천에 관한 연구〉(서울대학교 박사학위논문)을 기초로 대중과 더욱 가까이 소통하기 위해 새로 쓰였습니다. 좀 더 자세한 자료와 원문을 확인하고 싶은 독자에게는 상기 논문을 추천합니다.
- 이 책 안에서 인용한 인용문과 자료는 원문 그대로 표기하였으며, 이해를 돕기 위해 아래에 현대어를 함께 썼습니다. 인용문 안의 표기법과 띄어쓰기 등이 오늘날 사용하는 것과 다를 경우, 당시 원문의 표기로 이해하시면 됩니다.

머리말

교도소에는 문이 몇 개 있을까. 이 질문은 교도소를 처음 방문한 이들이 자주 가지는 호기심 중 하나다. 많은 이들은 정문만 통과하면 바로 수용자의 방으로 갈 수 있을 것이라 생각한다. 그러나 실제로 교도소의 문은 수십 겹에 이른다. 필자가 교정시설에 처음 방문했던 2016년의 기억을 떠올려 보면, 정문에서부터 교육장까지 가는 데만 해도 20개가 넘는 철문을 통과해야 했다. 그 철문 하나하나를 지날 때마다, 필자는 이 공간이 얼마나 철저하게 '닫혀' 있는지를 온몸으로 실감하였다.

그때 필자는 교정교육(교도소교육)에 참여·관찰하였고, 이후 2019년에는 법무부 국민참여단으로 활동하였다. 사실 처음 교도소를 방문할 때는 마음이 무거웠다. '수용자들과 마주치면 무섭지 않을까?', '갑작스럽게 문제가 생기면 어떡하지?' 라는 상상들이 머릿속을 가득 채웠다. 그런데 막상 작업장과 교육장을 지나며 수용자들의 모습을 봤을 때, 필자는 그간의 생각을 반성하게 되었다. 이들은 너무나 평범한 얼굴과 눈

지금은 사라진 옛 영등포교도소 복도[1]

빛을 지니고 있었고, 교육장에서의 수업 참여 태도는 진지했다. 열심히 듣고, 자신의 생각을 잘 표현하는 수용자들을 보며 부끄러운 깨달음을 얻었다. 그동안 가지고 있던 '범죄자'에 대한 인식이 얼마나 왜곡되었는지를 자각하게 된 것이다. 범죄자에 대한 사회적 편견이 이들을 얼마나 고립시켰는지를 절감하였다.

수용자는 죄를 지었지만, 사회로 돌아갈 사람이며, 출소 후 더 나은 삶을 살아갈 가능성을 지닌 존재다. 이러한 점에서 '교육'은 이들의 삶과 안정적인 사회에 매우 중요한 장치다. 그렇다면 우리 사회는 교정교육을 어떻게 바라보는가. 수용자와 교정교육에 대한 관점은 어떻게 변화하였는가. 교정교육은 수용자 개인과 우리 사회에 어떤 의미를 지니는가. 이와 같은 질문에서 필자는 교정교육 연구를 시작하게 되었다.

이 책은 교도소를 평생교육기관으로 보고, 교도소의 역사를 분석하였다. 시대마다 감옥의 운영에 영향을 미친 정치적·사회적·문화적·경제적 사건과 맥락을 파헤치고 이것이 평생교육으로서 교정교육에 어떠한 변화를 일으켰는지를 종합적으로 분석하였다.

우리나라에서 평생교육●[2]의 개념이 공식적으로 다루어진 것은 1980년 10월 27일 「헌법」에 평생교육이 반영되면서부터다. 당시 개정된 「헌법」 제29조 제5항에 "국가는 평생교육을 진흥해야 한다", 제6항에 "학교교육 및 평생교육을 포함한 교육제도와 그 운영, 교육재정 및 교원의 지위에 관한 기본적인 사항은 법률로 정한다"고 명시하였다. 이후 우리나라 평생교육은 5·31 교육개혁을 기점으로 양적 성장을 이루었다. 학습자의 범위도 확대되어 장애인, 노숙인 등도 학습자로 인식하고 이들을 위한 교육을 다양하게 제공하고 있다.

교도소는 「형의 집행 및 수용자의 처우에 관한 법률」[3] 제1조에 명시된 것과 같이 "수형자의 교정교화와 건전한 사회복귀를 도모"하는 데 목적을 둔 기관이다. 즉, 우리나라 교도소의 목적은 수용자의 재사회화다. 1961년 감옥의 명칭을 형무소에서 교도소로 변경하였는데, 명칭의 변화에서도 교도소의 목적을 알 수 있다. 교도소는 더 이상 형을 집행하

● 평생교육은 교육이 생애주기 전반에 걸쳐 이루어져야 한다는 교육적 관점으로, 유아기부터 노년에 이르기까지 학령 전 교육, 학교교육, 청소년 및 성인교육, 노년기교육까지 아우르며, 가정과 학교, 직업 세계, 지역사회 등 다양한 삶의 공간에서 이루어지는 교육활동을 포함한다. 이는 기존의 학교 중심, 아동과 청소년 중심, 교수자 중심에서 벗어나 전 사회적, 전 생애적 그리고 학습자 중심 교육을 말한다.

는 응보형주의가 아닌, 수형자의 교정교화•[4]를 위해 교육형주의를 추구한다.[5] 이러한 목적을 위해 교도소에서는 수용자에게 교정교육••을 다양하게 제공하고 있다.[6]

교정교육은 학습자의 긍정적인 변화를 목적으로 이루어진다는 점에서 평생교육이라고 할 수 있다. 성인을 수용하고 있는 교도소에서 교육을 제공하는 것은 성인교육으로서 매우 중요하다.[7] 우리나라의 감옥은 이미 오래전부터 범죄를 저지른 성인에게 학습이 가능하도록 하였다. 예컨대 조선의 옥獄에서는 인본주의에 바탕을 두고 죄인을 단순히 격리하는 것을 넘어 반성의 기회, 즉 학습이 일어날 수 있도록 하는 교화에 집중하였다. 교정교육이 평생교육의 한 유형이라는 것은 대학 평생교육의 시초에서도 확인할 수 있다. 대학 평생교육은 1970년대부터 시작되었는데, 이때 주요 학습자 중 하나가 교도소 수용자였다. 예를 들어 대구대학교는 1975년 경주, 대구, 안동 등의 교도소를 방문하여 수용자

• 교정교화(矯正敎化)의 한자는 바로잡을 교(矯), 바를 정(正), 가르칠 교(敎), 될 화(化)이다. 즉, 교정교화란 교도소 수용자를 올바르게 바로잡아 가르쳐 변화시킨다는 의미다. 교정교화는 '교정'과 '교화'가 합쳐진 말로서, 교정이란 교정시설 수용자를 대상으로 교정시설 내외에서 이루어지는 활동을 의미하며, 교화란 인간을 가르쳐서 변화하게 한다는 것이다. 교정교화라는 용어는 1950년 제정된 「행형법」 제1조에 "수형자를 격리하여 교정교화하며 건전한 국민사상과 근로정신을 함양하고 기술교육을 실시하여 사회에 복귀하게 하며 아울러 미결수용자에 관한 사항을 규정함을 목적으로 한다"고 명시하여 교정시설의 목적을 확고히 한 데서 비롯하였다. 말하자면 교정교화는 수용자를 잘 가르쳐서 긍정적으로 변화시킨다는 의미라고 할 수 있다.

•• 교정교육은 수용자가 출소 후 안정적으로 사회복귀할 수 있도록 교정교화하는 교육이다. 즉, 교정교육은 수용자를 긍정적으로 변화시키기 위해 교정시설의 내부와 외부에서 실시하는 학습활동이라고 할 수 있다.

를 대상으로 방문형 평생교육을 운영하였고, 1978년에는 김천교도소 방문대학을 설치하였다.[8] 이러한 교정교육이 평생교육의 일환이라는 점에서 교도소는 평생교육기관이라고 할 수 있다.

이 책은 평생교육기관으로서 교도소의 역사를 1910년부터 2025년까지 분석하였다. 1910년부터 분석한 이유는 1910년이 일제강점기가 시작된 시기로, 조선총독부 시대의 감옥제도가 도입되고 교정정책의 식민지적 형태가 형성된 시기이기 때문이다. 각 시대에는 당대를 특징적으로 보여줄 수 있는 제목을 붙였다. 시대의 구분은 교정의 시대를 구분했던 선행연구를 참고하되,[9] 평생교육적 시도가 이루어졌던 주된 시기도 반영하였다.

다만 프롤로그에서 우리나라 전통옥인 원형옥에 대해 다루었다. 그 이유는 1910년을 기준으로 감옥을 분석하면 자칫 우리나라의 옥이 일제강점기에서 유래한 것으로 오해할 수 있기 때문이다. 따라서 이 책은 원형옥으로 시작해 순치의 시대(1910~1945), 전향의 시대(1946~1961), 개조의 시대(1962~1979), 순화의 시대(1980~1992), 자기규율의 시대(1993~2006), 치료의 시대(2007~2013), 위험관리의 시대(2014년 이후)로 구분하였다. 부록에는 시대마다 어떠한 사회적·정치적·경제적·문화적 사건이 평생교육기관으로서 교도소의 운영에 영향을 미쳤는지를 나타낸 표를 담았다.

평생교육기관으로서 교도소의 역사를 분석하기 위해 계보학 연구 방법을 활용하였다. 계보학은 니체F. Nietzsche 1844~1900가 처음 제시하여 푸코M. Foucault 1926~1984가 체계화한 방법이다. 푸코는 우리가 익숙하게 받아들이고 있는 개념이나 제도, 지식 등이 고정된 진리가 아니라, 특정한 시대적 맥락 속에서 권력과 담론의 작용을 통해 구성된 산물이라고 주장하였다. 특히 푸코는 《감시와 처벌》에서 계보학을 활용하여 근대적 규율 권력이 개인의 신체에 미친 영향을 분석하며, 이를 통해 감옥이 단순한 수용의 공간이 아닌 규범화와 통제의 장임을 드러냈다.[10]

계보학은 현재의 교정교육이 형성된 흐름과 맥락을 입체적으로 조망할 수 있는 도구다. 이 책에서는 시대별로 교도소의 목적이 어떻게 변화했는지, 교육은 어떠한 시대적 맥락에서 변화했는지를 계보학적으로 추적하였다. 생생함을 담고 증언을 전달하기 위하여 교도관, 출소자, 교정교육 강사 등을 면담하기도 하였다.

교정교육을 비판하는 사람도 많을 것이다. 그러나 교정교육은 장기적으로 보면, 우리 사회 전체의 안전과 발전에 긍정적인 영향을 미친다. 수용자는 언젠가 사회로 돌아온다. 이들이 사회에 적응하여 자립할 수 있도록 하는 것이야말로 재범 방지와 공동체 회복의 시작이다. 이 책이 범죄자와 교도소에 대한 인식을 다시 생각해 보는 하나의 계기가 되기를 바란다.

이 책은 필자의 박사학위논문을 수정 및 보완하여 썼다. 따라서 좀 더 자세한 내용은 일러두기에 소개한 박사학위논문과 이를 토대로 쓴 논문[11]을 참고하기를 권한다. 책을 내기까지 많은 사람들의 응원과 지지가 있었다. 우선 지도교수님인 강대중 교수님께 감사를 드린다. 귀한 자료와 이야기를 나누어 준 교정공무원분들, 교정 전문가들, 연구참여자들에게도 감사드린다. 이 책의 출판을 도와주신 한국방송통신대학교출판문화원과 이두희 선생님께도 감사드린다. 마지막으로 이 책을 쓰고 마무리하는 동안 육아에 전념한 남편 이상훈과 엄마가 컴퓨터 책상에 오래 앉아 있어도 이해해 주고 응원을 해준 아들 이도윤, 딸 이채윤에게 감사와 사랑을 전한다.

2026년 새해

유주영

■ 용어 설명

감옥에 갇힌 자를 부르는 말은 시대마다 변화하였다. 과거 원형옥이 사용된 전옥서 시대에는 갇힌 자를 죄인이나 수인(囚人)으로 불렀다. 일제강점기에는 수감자(收監者) 혹은 재감인(在監人)이라고 불렀다. 일제강점기 이후에는 이들을 보통 재소자(在所者)라고 불렀다.

현재는 교정시설에 수용된 자를 수용자(收容者) 혹은 수형자(受刑者)라고 부른다. 현재도 종종 재소자라는 표현이 쓰이지만, 이는 일본식 표현이다. 2018년 법무부는 재소자를 수용자로 순화하여 사용할 것을 발표하였다.

수용자는 구치소나 교도소에 구금된 자로, 재판에서 판결이 확정되어 형을 집행받은 수형자와 아직 형을 확정받지 않은 미결수용자를 포함한 말이다. 이 책에서는 해당 시대마다 갇힌 자를 주로 부르던 명칭을 사용하였다. 비교적 최근 시대를 설명할 때, 수용된 자를 대부분 '수용자'라고 표현하였다. 그러나 교정시설의 처우나 제도는 주로 형을 집행받은 수형자를 대상으로 이루어진다는 점에서 엄밀한 표현이 필요한 경우에는 '수형자'라는 표현을 사용하였다.

프롤로그

우리나라 감옥의 유래를 찾아서: 인본주의가 담긴 원형옥

1997년 경주에서 우리나라 전통 감옥이 발견되었다. 해당 터는 1945년 설립된 문화중·고교가 1996년 충효 신축교사로 이전하면서 5층 규모 총 380세대의 주거용 건물 신축을 추진하던 곳이다. 아파트 건립을 위해 1997년 국립경주문화재연구소가 발굴을 진행하던 중 옛 감옥을 발견하였다.

경주에서 발견된 전통 감옥의 형태는 현대와는 매우 다르다. 가장 두드러진 특징은 감옥이 원형으로 되어 있다는 점이다. 일제강점기 경성형무소장이었던 나카하시 마사요시中橋政吉는 우리나라가 원형옥을 만든 이유에 대하여 "사각지대가 생기지 않아서 감시가 쉽기 때문"이라고 설명하였다.[1] 그러나 학자들의 견해는 이와 다르다.

중국 후한後漢의 학자 정현鄭玄 127~200은 감옥을 원형으로 만든 것은 "'둥근 것을 그리는 규規'가 인仁을 주관하고, 관리는 인(어진 마음)으로 죄인을 조사하기 때문"이라고 하였다.[2] 여기서 '규'는 법 혹은 규정 등을

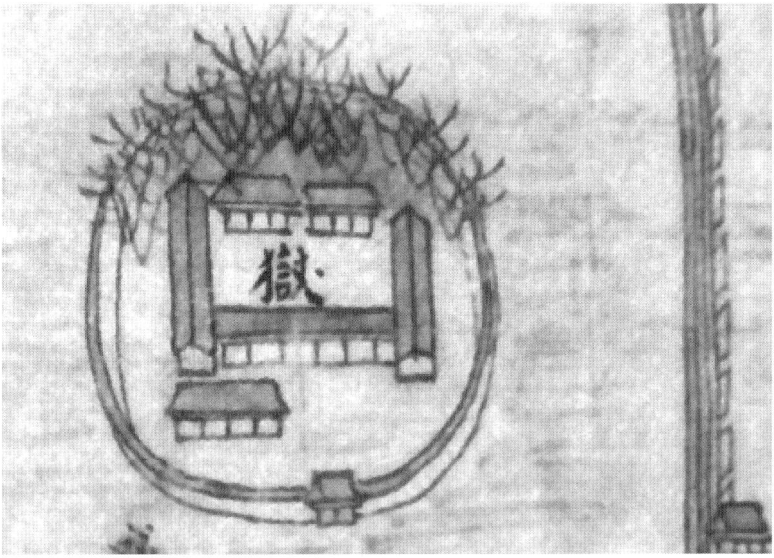

18세기 원형옥[3]

의미하지만, 동시에 '둥글다', '바로잡다'라는 의미도 담겨 있다. 조선 시대 이전부터 우리나라에서 원은 우주, 하늘을 의미했기 때문에 원형의 옥에 죄인을 수용하면 죄인이 스스로 교화할 수 있다고 믿었다. 원형 감옥에는 단순히 죄인을 감시하는 측면을 넘어서, 우주와 하늘을 상징하는 원의 형태를 통해 죄인을 교화하고자 하는 사상이 담겨 있었다.

전통옥의 구조는 인본주의적 관점을 반영한다. 이는 원형옥에서 남녀를 분리하여 수용했다는 점에서 알 수 있다. 과거 감옥에서는 남녀 죄인끼리의 간음으로 옥중에서 아기를 낳는 경우가 있었다. 남녀를 분리 수용한 것은 남녀가 함께 갇혀 있을 때 발생할 수 있는 인권 침해와 추가 범죄 등의 위험을 미리 막기 위한 조치라고 할 수 있다. 서양에서는

구한말 화가 김윤보의 《형정도첩》에 나오는 원형옥[4]

1595년에서야 네덜란드가 처음으로 감옥에서 남녀를 분리하였다. 조선은 그보다 170여 년 앞서 감옥에서 남녀를 분리하였다. 물론 유교사상에 의하여 남녀를 분리했을 수도 있지만, 수용 성별에 따른 옥의 규모 등을 고려해야 하는 불편함에도 분리를 시행했다는 점은 주목할 만하다.

감옥 운영의 인본주의적 접근은 1426년 세종世宗 1397~1450이 감옥을 설계할 때도 나타났다. 세종은 〈안옥도犴獄圖〉라는 표준 설계도를 직접 제작하여 감옥을 체계적으로 설계하도록 지시하였다. 〈안옥도〉는 감옥 건축 시 습기를 방지하기 위해 지반을 한 자(약 30cm) 이상으로 높여야 한다고 규정하였으며, 감옥을 남향으로 배치하고, 옥담의 처마를 길게 늘려 여름철에 그늘을 만들어 내부 온도를 낮추게끔 설계하였다. 이는 조선시대 감옥이 단순한 형벌의 장이 아닌, 죄인의 교화와 인권 보호를

공주옥의 모습[5]

위한 공간으로 기능하도록 했음을 보여준다. 《조선왕조실록》에도 감옥을 지을 때 죄인의 인권을 고려한 모습이 실려 있다.

> 크고 작은 형벌을 애써 삼가서 불쌍하게 할 것을 관리에게 경계하여, 비록 일태일장(一笞一杖)일지라도 모두 조정율문(朝廷律文)에 따라서 하고, 절대로 함부로 억울하게 하는 것을 금하여, 교령(敎令)에 기재하여 나라 안에 반포하고, 관청의 벽에 걸어 항상 경계하여 살피기를 더하게 하기를, 안옥(犴獄)에 이르기까지 하고, 도면을 그려서 안팎에 보여 그림에 따라 집을 짓게 하되, 추운 곳과 더운 곳을 다르게 하였으며, 구휼하기를 심히 완비하게 하여, 횡약에 걸려 여위고 병든 자가 없게 하였다.[6]

세종은 이 외에도 수감자의 인권을 보호하기 위해 다양한 노력을 기울였다. '4대 강령'을 발표하여 수감자의 인권 보호를 강조하였으며, "옥에 갇힌 죄수 가운데 홀아비와 과부의 어린 자식들을 돌봐줘라"고 지시하였다. 또한 "강제 노역형을 받고 있는 도형수徒刑囚 중 늙은 부모가 있는 자에게는 휴가를 주어 1년에 한 번씩 만나게 하고, 그 휴가 일수는 복역 일수에 포함하라"는 명령을 내리며 수감자의 가족관계와 인권을 고려하였다.[7]

전옥서는 오랫동안 운영되었지만 청일전쟁 후 개축되어 정확한 모

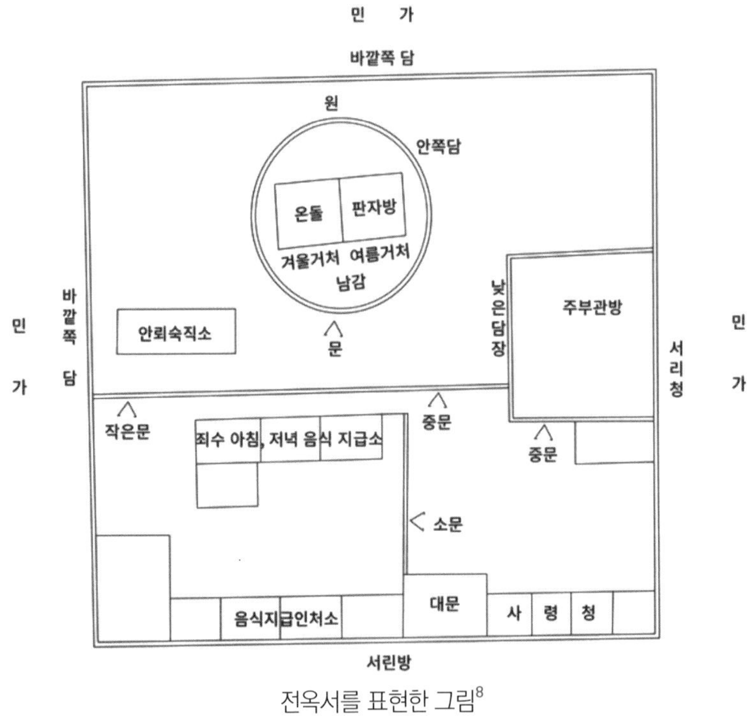

전옥서를 표현한 그림[8]

습을 나타낸 자료는 남아 있지 않다. 그럼에도 당시 전옥서의 서리書吏로 근무하던 김태석이라는 자가 그린 전옥서를 보면, 그 모습을 어느 정도 유추할 수 있다. 죄인을 가두던 전옥서는 둥근 담장을 설치하고 청사 등의 건물은 모두 둥근 담장 밖에 설치된 모습이다. 여름 거처(판자식 감방)와 겨울 거처(온돌식 감방)를 구분해 둔 것도 확인할 수 있다.[9]

한편으로 감옥의 인본주의적 실천에도 불구하고, 조선시대의 전통 형벌제도는 여전히 신체형이 주를 이루기도 하였다. 사형을 제외하면 태형笞刑이나 장형杖刑과 같은 신체형이 주요 형벌로 사용되었다.[10] 고통을 극대화하며 사형시키는 능지처사형도 자주 시행되었다. 능지처사는 죄인의 팔다리와 목을 소나 말이 끄는 수레에 묶어 찢는 거열을 수행한 후, 절단된 머리는 '효시'라고 하여 3일간 공개적으로 매달고, 잘린 팔과 다리는 각 지역으로 보내 경고의 메시지를 전달하는 잔혹한 방식이었다.[11]

형벌제도는 잔인했으나, 우리나라의 전통 감옥은 인본주의를 토대로 운영되었다. 전옥서의 목적은 죄인을 구금하는 데만 있지 않았다. 전옥서는 죄인이 사회와 어우러져 살 수 있도록 교화를 추구했다. 비록 일제강점기에 감옥의 성격이 완전히 변했지만, 우리나라 전통 감옥은 인본주의와 죄인의 교화를 위해 노력했다는 점을 잊어서는 안 된다.

1894년 갑오개혁 이후, 전옥서는 사법제도의 개편과 함께 큰 변화를 맞게 된다. 옥은 더 이상 인본주의를 추구하지 않았고, 죄인을 감시하고 관리하는 기능을 키워갔다. 전옥서는 감옥서監獄署로 개칭되었고, 기존의 부설 옥을 모두 폐지하여 행형 사무가 일원화되었다.

일제가 통감부를 설치하면서 1907년 감옥서는 감옥으로 개칭되었다. 1909년 7월 12일 한국의 사법 및 감옥 사무를 일본정부에 위탁하는 〈기유각서己酉覺書〉에 의해 대한제국은 감옥에 대한 권한을 일본에 박탈당하게 된다. 일본은 1908년 10월 21일에 경성감옥京城監獄을 설치했고, 1919년에 3·1운동이 발생하자 감옥을 확장하였다. 1923년 5월 5일에는 「총독부령」 제72호로 감옥의 명칭을 형무소刑務所로 변경하였다.

이러한 변화는 감옥이 인본주의적 교화와 인권 보호를 추구하는 공간에서, 죄인을 단순히 관리하고 처벌하는 곳으로 변모한 과정을 보여준다. 우리는 우리나라의 전통 감옥이 지니고 있던 인본주의적 가치를 기억하고 그 의미를 되새길 필요가 있다.

제1장

순치의 시대

일제강점기

1910~1945년

1910년부터 1945년까지 우리나라는 일제강점기였다. 이 시기는 일본이 조선인의 신체와 정신을 길들이려 한 '순치馴致의 시대'라고 할 수 있다. 일본은 조선을 지배하는 데 있어 무력 통치를 넘어, 조선인을 황국신민으로 만들어야 한다는 확고한 목표를 세웠다. 이를 위해 학교교육, 언어정책, 감옥 운영 등 모든 분야에서 조직적이고 체계적인 순치 전략을 실행하였다.

황국신민화교육은 조선인을 일본의 충성스러운 신민으로 만들기 위한 핵심 수단이었다. 교육제도는 조선의 역사와 언어를 지우고 일본어와 일본사를 주입하는 방향으로 재편되었으며, 교과서는 조선인을 순응적 존재로 길들이는 도구로 활용되었다. 《조선어독본》과 같은 교재는 조선인을 '소'처럼 순종하도록 만드는 식민교육의 상징이었다.

무엇보다도 감옥은 일본의 식민 통치 전략에서 중요한 역할을 담당했다. 일본은 감옥의 명칭을 '형무소'로 변경하고, 형무소에서의 신체적 억압과 정신적 교화를 강조했다. 수감자는 육체적 통제의 대상일 뿐만 아니라, 사상도 관리되고 개조되어야 할 대상으로 간주되었다. 「치안유지법」 등 각종 법령은 조선인의 생각과 저항 의지를 죄로 규정하였고, 인물카드, 수형기록카드, 사상범 소표 등은 조선인을 감시하고 통제하는 체계를 더욱 공고히 하였다.

형무소 내에서는 문맹퇴치교육, 기술교육, 성인교육, 종교교육이 시행되기도 하였다. 이 교육들은 황국신민화 전략의 일환으로, 조선인의 정신을 일본제국에 복속시키기 위한 통제 도구였다. 이와 같이 '순치의 시대'는 조선인의 몸과 마음을 통째로 지배하려 했던 식민 통치의 시대였다.

순치 전략과 황국신민화교육

1910년부터 1945년까지 일제강점기에 일본은 조선을 점령하여 정치와 경제, 문화 등의 전반을 통치하였다. 또한 순치의 전략으로써 조선인의 신체와 정신을 통제하고자 했다. 순치란 동물을 길들이거나 목적한 상태에 이르게 하는 것을 말한다. 일본은 조선인을 황국신민으로 만들고자 하였다.

황국신민화교육의 주요 내용은 「조선교육령」[1]과 「보통학교규칙」[2]에서도 볼 수 있다. 「조선교육령」 제2조는 "충량한 국민 육성"을 강조하며, 한국인을 천황과 일제에 절대적으로 복종하는 자로 만들고자 한 의도를 담고 있다. 「조선교육령」 제3조의 "시세時勢와 민도民度에 적합한 교육"은 고급 인력을 양성하겠다기보다는 최소한의 능력만 갖추도록 하여 식민지정책의 수행자로 활용하겠다는 의미였다.[3] 「조선교육령」에 따라 일본은 한국사교육을 폐지하고 조선인에게 일본사교육만 강요하였다. 또한 일제가 만들어 조선인에게 교과서로 배포한《국어독본國語讀本》의 '순사'와 '관청' 단원에서는 일제의 통치기구를 소개하고, 지도에 순응하는 학생이 되게끔 가르쳤다.[4]

일제강점기 일본은 국어國語로 일본어를 가르쳤는데, 조선인이 황국신민으로서의 자질을 갖추고 생활 방식도 일본식으로 개조하는 것을 목표로 하였다. 일본이 조선인에게 일본어를 가르친 것은 통치수단으로서 "국어(일본어)야말로 '국민정신'이 머무는 곳이며, 그런 성격을 가진 언어를 말할 수 있는 일본 신민으로서 '국민'"이 되기 때문이었다.[5]

일제의 황국신민화정책은 교육과정뿐만 아니라, 조선인에게 제공한

그림 1-1 황국신민화교육으로 조선인이 일본어를 배우는 모습[6]

교과서에서도 명확히 드러난다. 일제강점기 동안 교과서로 제작된 《조선어독본》은 일제가 의도한 순응적인 국민을 만들기 위한 일종의 매뉴얼과 같은 책이었다.

그림 1-2 1922년판 《보통학교 조선어독본》 1권 첫 장의 내용[8]

1922년 제작된 《보통학교 조선어독본》 1권 첫 장에는 '소'라는 글씨와 함께 소 한 마리가 그려져 있다. 교과서의 첫 장에 소를 제시한 이유는 조선인을 "노예로 길들이고, 식민화 경영에 필요한 소로 키우고, 세뇌하고 순치시키려"는 목적이 있었기 때문이다.[7] 일제가 조선인을 길들이고자 했던 의도를 볼 수 있는 사례이다.

이러한 사례는 한국 학교교육에서 교육의 도구화가 일제강점기로부터 비롯되었음을 시사한다. 일제는 교과서를 통해 조선인을 통제하고 길들여 황국신민화를 수행하고자 하였다.

통제 수단으로서의 감옥

일제가 조선을 통제하기 위해 활용한 주된 수단 중 하나는 감옥이었다. 1909년 7월 12일 〈기유각서〉•에 의해 대한제국은 감옥에 대한 권한을 일본에게 빼앗겼다. 이로써 조선의 감옥 운영과 관련된 모든 권한은 일본이 장악하였다.

일제는 1908년 10월 21일에 경성감옥을 설치하고, 1919년에 3·1 운동이 발생하자 감옥을 확장하였다. 감옥의 권한이 일본에 있었기 때문에 항일운동가에 대한 가혹한 신체형 처벌이 자행되었다. 항일운동가에 대한 혹독한 고문의 흔적은 김구의 자서전인《백범일지》와 김광섭의《나의 옥중기》, 이소가야 스에지의《우리 청춘의 조선》등에서 확인할 수 있다.

일본은 저항하는 조선인을 범죄자로 규정하고 이들을 '사상범'이라고 불렀다. 일제강점기 동안 감옥에 수감된 조선인 중 사상범이 차지하는 비율은 전체 수감자의 87.73%에 달했다.[9] 이는 일본이 조선인을 철저하게 통제하고, 황국신민으로 정신을 개조하려는 전략적 목적의 일환이었다. 일본은 자신들에게 저항하는 조선인을 범죄자로 간주하고 가혹한 신체형 처벌을 통해 지속적으로 억압하였다.

• 한국의 사법 및 감옥 사무를 일본정부에 위탁하는 각서.

형무소라는 명칭을 달다

1923년 5월 5일 「총독부령」 제72호로 감옥의 명칭이 형무소로 변경되었다. 형무소란 '형벌(刑)을 집행하는 일(務)을 담당하는 장소(所)'라는 뜻이다. 명칭 변경에는 감옥 운영의 목적을 변화시키려는 의도가 담겼다. 당시 신문에서는 형무소를 이전의 감옥과는 달리 "범죄를 저지른 자를 수용하여 그의 품성을 고치고 선량한 사람이 되게 하며, 또한 체력을 건전히 하여 직업을 얻게" 하는 공간으로 바꾸려는 목적을 가지고 있다고 보도하였다. 여기서 '품성'은 사실상 황국신민으로서의 자세와 태도를 의미했다. 일본은 조선에 이미 존재했던 감옥의 기능을 부정하고, 감옥을 일제 식민 통치의 도구로 활용하고자 하였다.

> 감옥을형무쇼라변경ᄒᆞᆷ에 대하야 총독부법무당국ᄌᆞ ᄂᆞᆫ 말하되명칭을 변경한디함은 형식에 지내지못ᄒᆞᆷ이라 성각ᄒᆞᆯ듯하나 그러나명칭에도 대단한영향과 관계가잇ᄂᆞᆫ바이라 세샹사ᄅᆞᆷ은 감옥이라하면 구일의 옥(獄)과갓치알지만은 현재 의감옥제도ᄂᆞᆫ 그와갓흔것이안이오심리샹의 엇더한결ᄒᆞᆷ과슈양이 부족ᄒᆞᆷ으로말미암아범죄한자를슈용(收容)하야 그의품성을고치게하여 션량한 사람이되게ᄒᆞᆷ과 동시에 체력을건전히하며직업을 엇게ᄒᆞᆷ이 근본적취지오형벌을쓰ᄂᆞᆫ본뜻이 또한이에잇ᄂᆞᆫ바이외다[10]

● 감옥을 형무소라 변경하는 것에 대해 조선총독부 법무 당국자는 다음과 같이 말했다. "명칭을 변경한다 함은 형식에 지나지 못함이라 생각을 할 듯하나 명칭에도 대단한 영

監獄을刑務所로

형무소로곳친후에는뎐옥의 직명도형무소쟝으로부르게

明七日에關係法令發布

총독부판

時運과世潮에適應하야

닉용의미션은물론이오형식으로도여러가지를미량코자

總督府法務當局者談

假政府特派員

그림 1-3 〈감옥을 형무소로〉[11]

소요범 통제로 폭증한 수감자

일제는 조선인을 황국신민으로 만들기 위해 독립운동가를 '소요범騷擾犯'이라고 부르며 이들 다수를 형무소에 투옥했다. 당시 일본인 판사가 쓴 책인 《일제의 한국사법부 침략 실화》에 따르면, 일본은 1919년 3월 1일에 일어났던 3·1 운동을 "독립만세소요사건"이라고 불렀다.[12] 일본은 독립운동에 참여한 조선인을 선동과 소란을 일으킨 자라 하여 소요범이라고 불렀다.

이후 형무소의 인원은 급증한다. 소요범에 대한 처벌은 1919년 3월

향과 관계가 있는 바이라. 세상 사람은 감옥이라 하면 구일의 옥(獄)과 같이 알지만은 현재의 감옥제도는 그와 같은 것이 아니오. (…) 범죄한 자를 수용하여 그의 품성을 고치게 하여 선량한 사람이 되게 함과 동시에 체력을 건전히 하며 직업을 얻게 함이 그 근본 취지요, 형벌을 쓰는 본뜻이 또한 이에 있는 바이다.

1일에 본격적으로 강화되어 1920년에는 1년 만에 수감 인원이 약 90배 증가하였다. 또한 독립운동가들을 처벌하던 「보안법」 위반 사례도 1년 만에 약 250배 가량이 폭증하였다.[13]

> 독립만세소요사건은 경성에서 발생해서 불길같은 세력으로 전선에 퍼져 검거 당한 인원은 대단한 수에 달하고 각 감옥들은 모두가 일시에 입감자가 증가하여 어느 곳이나 그 대비에 고심했습니다.[14]

그 전부터도 일본은 수감자가 늘어나자 1909년 말 마포구 공덕동에 경성감옥의 분감옥分監獄을 설립하였다. 이에 따라 1912년 9월 3일 경성감옥은 서대문감옥으로 이름을 변경하였고 1923년 5월 5일 서대문형무소로 개칭하였다. 1923년 기준으로 전국 형무소 총 25개소, 지소 2개소가 운영되었으며, 일제 말기에는 형무소 17개소, 지소 11개소 및 보호감호소가 운영되었다.

형무소의 수를 증설한 것은 조선에 대한 통제를 강화하고 일본의 권력을 가시적으로 보여주기 위함이었다. 이러한 일제강점기 감옥 운영에서 푸코가 말한 권력의 가시화가 드러난다.

전근대적이고 비위생적인 감옥 운영

조선총독부는 형무소를 통해 조선인 예속화 전략을 가장 집약적이면서도 가시적으로 행사했다. 앞서 언급했듯이 조선총독부는 감옥의 명칭을 형무소로 변경하고 새로운 형무소를 서대문에 건설하였다.

통감부는 서대문형무소를 "새로운 한국에 범죄자들을 위한 근대적이고 위생적인 빌딩"이라고 소개하였다.[15] '근대적'이라는 말은 곧 일본의 문화와 유사한 형태라는 의미였다. 여기서 형무소를 '위생적'이라고 언급한 점은 주목할 만하다.

여러 자료와 증언에 따르면, 일제강점기 형무소는 매우 비위생적인 곳이었다. 예컨대 1937년 나카하시 마사요시가 쓴《朝鮮舊時の刑政 조선구시의 형정》에 의하면, 1910년 전후 형무소의 수용 밀도가 평당 7명을 넘어 재감자는 누워서 잘 수 없었기 때문에 1/2이나 1/3씩 교대로 누워서 잤다고 한다. 감옥 내에 변기를 넣을 공간이 없어 항아리를 두고 호스를 연결하여 용변을 보았다는 기록도 있다.

1920년대 중반 형무소의 수감자가 1만 3천 명 이상이었던 점[16]을 고려하면, 형무소는 결코 위생적이지 않았을 것이라는 점을 짐작할 수 있다. 일본이 형무소를 근대적이고 위생적이라고 표현하였으나, 실질적으로 형무소는 조선인을 가혹하게 억압하고 통제하기 위한 공간이었다.

수용인원은 이미 2,000명을 넘고 있었기 때문에 수용밀도는 평당 7명을 넘었고 옥사는 가득 찼으나 계속 수용인원이 증가하여 평당 십수 명에 이르렀다. 재감자는 누워서 잘 수가 없어서 1/2씩 또는 1/3씩 교대로 누워서 자게 하였다.

대구감옥의 감방은 3개 방에 15평이었는데 수감자가 150명이나 되었고 공주감옥은 방내에 변기를 넣을 공간이 없어 감방 앞에 항아리를 놓아두고 호스를 방으로 연결하여 용변을 보기까지 하였다. 함흥감옥에서는 감방 내에 상·하단의 선반을 설치하고 마치 2층처럼 만들었는데 천장이 낮은 온돌방을 2단으로 나누었기 때문에 가로로 누워있을 수는 있었으나 일어날 수가 없었다. 한일합방 3개월 후인 1910년 12월 31일 감방의 총면적은 1,470평 4홉에 수감인원은 7,021명으로서 수용밀도는 평당 4.7명이었다.[17]

칼을 찬 간수

1922년 일본은 감옥의 명칭을 형무소로 변경하면서 소년범을 수감하는 유년감옥에서는 간수의 복장이 변경될 것이라고 발표하였다. 당시 신문기사에서는 "개성의 유년감옥에서 개량복을 쓰게 되얏는데 그 목색은 현재 간수처럼 테두른 모자와 칼을 차는 것이 아니라 보통 앞제친 양복을 입힐터인데 이것은 총독부의 훈령을 기다리어 개정하리라더라"고 보도하였다.[18] 이는 유년감옥에서 간수의 복장이 변화한다는 것을 의미하며, 성인을 수감하는 형무소에서는 여전히 간수가 무장을 유지하였음을 암시한다.

이후 유년감옥의 간수가 칼을 차지 않았는지는 명확히 확인되지 않지만, 서대문형무소역사관 자료[19]에 따르면 성인을 수감하는 형무소에서 간수는 총과 칼을 소지하여 수감자를 감시하고 통제하였다. 1931년 잡지 《동광》에 실린 〈버드나무 그늘(8월의 수필), 철창에 잠못든 수인囚人〉이라는 글에서도 간수가 칼을 찼다는 내용이 확인된다. 이를 통해 일제강점기 형무소의 간수가 무장을 통해 수감자를 철저히 통제하였다는 것을 알 수 있다.

> 지금으로부터 꼭 10년 전인 辛酉-1921년 가을의 초저녁이엇섯다. 남조선의 모 도회의 감옥, 정치범만 따로 넣어두는 새로 지은 깨끗한 감방 안에 댓사람이나 되는 囚人들이 낮의 작업을 마치고 맛없는 저녁밥이나마 바쁘게 집어 먹고 저녁 점검조차 끝나서 으스레한 전등 밑에 떼엄떼엄 앉앗섯다. 창밖에는 가을의 늦장마가 시작하는 듯이 해질골에 시작한 비가 주룩주룩 쏟아 붓는데 복도에서는 칼을 절걱대는 간수가 구두소리를 안내려고 《슬리퍼》를 잘잘 끄을고 단니는 지음이다.[20]

「치안유지법」을 통한 항일운동가 통제

항일운동가에 대한 가혹한 억압은 1925년 「치안유지법」 시행으로 더욱 강화되었다. 당시 일본은 소련과 국교를 수립하고 보통선거를 도입하였는데, 이로 인해 사회주의 혁명운동이 거세질 것을 우려하였다. 이러한 배경에서 제정된 것이 바로 「치안유지법」이었다. 「치안유지법」 제1조에는 "국체를 변혁 또는 사유재산제도를 부인할 목적으로 결사를 조직한다든가 또는 그 정황을 알고 그에 가입한 자는 10년 이하의 징역 또는 금고에 처한다"고 규정하였다. 이는 일본에 저항하는 자들을 처벌하는 근거로 사용되었다.

이 외에도 조선인 항일운동가를 통제하기 위한 법과 규칙 등이 제정되었다. 예컨대 「정치에 관한 범죄처벌의 건」[21]이 있다. 제1조는 "① 정치의 변혁을 목적으로 다수공동으로 안녕질서를 방해하거나 또는 방해하고자 한 자는 10년 이하의 징역 또는 금고에 처한다. 다만 「형법」 제2편 제2장의 규정에 해당하는 때에는 이 영을 적용하지 아니한다. ② 전항의 행위를 시킬 목적으로 이를 선동한 자의 죄도 전항과 같다"라고 명시하였다. 이러한 법은 일본이 행위의 결과를 두고 처벌하는 것이 아니라 마음에 품고 있는 목적을 판단하여 처벌하는 것이었다.[22]

이와 같이 「치안유지법」과 「정치에 관한 범죄처벌의 건」 등은 일본이 조선인의 범죄가 아니라 마음에 지닌 사상과 생각을 판단하여 처벌을 내릴 수 있는 근거로 활용되었다. 일제강점기 일본은 이러한 법을 통해 조선인에 대한 통제를 강화하고 억압을 정당화하였다. 이로 인해 많은 조선인이 과도한 처벌을 받았고 사형도 빈번하게 선고되었다.

신체형 처벌과 태형의 부활

일본은 조선인이 '야만적'이라며 이를 알리기 위해 다양한 수단을 활용했다. 그중 대표적인 것이 〈조선풍속〉이라는 제목의 엽서다. 엽서에는 조선인이 태형을 시행하는 장면이 담겨 있다. 일제는 이러한 엽서를 제작하여 유포하며 조선의 '야만성'을 알리고자 하였다. 그러나 정작 이들은 조선인에게 더 야만적으로 폭력을 행사하였다.

일제가 가혹한 신체형 처벌을 시행했다는 사실을 태형에서 알 수 있다. 태형은 회초리와 같은 매로 볼기를 때리는 것이다. 고려시대와 조선시대에도 존재하다 갑오개혁 때 폐지를 논의했지만 폐지하지 못하고 유

그림 1-4 일제가 제작·유포한 〈조선풍속〉 엽서[23]

지되었다. 이후 1912년 조선총독부가 「조선태형령」[24]을 제정하였다. 일본은 조선을 비롯한 동양사회에서 가장 효과적인 교화 방법이 치욕을 부과하는 것이라고 여겼다.[25] 이에 따라 태형을 부활해 혹독한 매질을 자행하였다. 일제는 조선인이 야만적이라며 태형 장면을 엽서로 제작하였지만 아래 사진에서 볼 수 있듯이 정작 자신들은 더 잔혹한 태형을 시행하였다.

일제강점기에 태형이 매우 과도하게 시행된 것은 외국인 기자의 기록에서도 확인할 수 있다. 해당 기록은 태형이 단순한 처벌을 넘어 가혹한 형벌로 시행되었음을 보여준다.

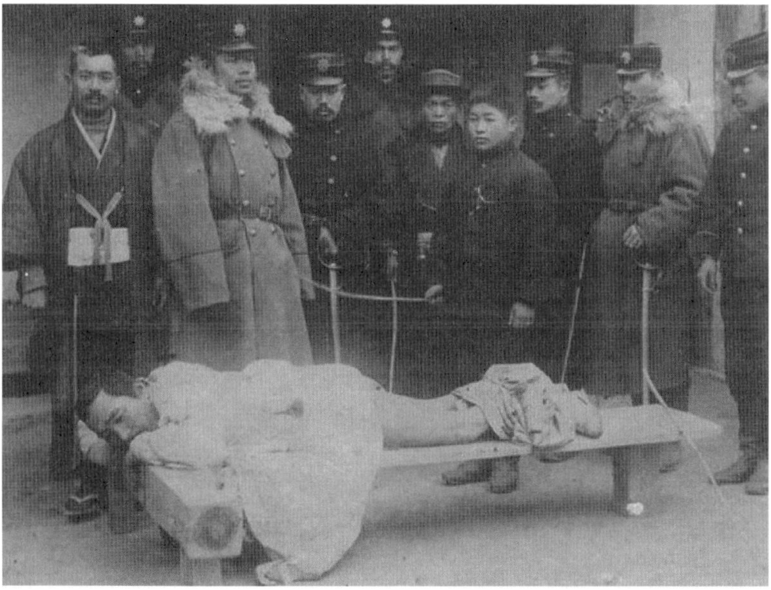

그림 1-5 일제가 조선인에게 시행한 태형의 모습[26]

> 必要(필요)없는苛酷(가혹)한九十度笞刑(구십도태형)을十度(십도)나二十度(이십도)로變(변)함이賢明(현명)하고또歡迎(환영)할바이라하노라. 苛酷(가혹)한笞刑(태형)으로因(인)하야被刑者(피형자)가甚(심)히傷(상)할뿔아니라壞疽(괴저)로因하야 死亡(사망)에까지至(지)하는事決(사결)코非一非再(비일비재)이엿나니라[27]

신문 내용에서 볼 수 있듯이 일본이 조선인에게 "구십도태형", 즉 태형을 90대나 부과하여 처벌자가 사망에 이르는 사건이 비일비재했다. 이러한 가혹한 행위에는 일본이 조선인에게 자신의 권력을 가시적으로 과시하려는 의도가 담겨 있었다. 수감자의 신체를 통제하는 것에 그치지 않고, 이를 목격하는 일반인의 정신과 자세에도 영향을 미쳐 항일정신을 억제하고, 황국신민으로 길들이고자 하였다.

일본인 관리는 조선인에게 태형을 부과해야 하는 이유를 수감자의 낮은 교육 수준에서도 찾았다. 일본은 서대문감옥 수감자의 약 70%가 글을 모른다는 이유로 "명예와 수치의 관념이 없는 열등자"로 취급하였다.[28] 일본은 조선인이 교육을 많이 받지 못한 열등한 자이기 때문에 매질과 처벌로 이들을 변화시킬 수 있다고 믿었다.

형무소에서 출소한 자를 인터뷰한 1920년대 신문기사에서는 "감옥 관리의 몸"이라는 표현을 사용하며 "옥중에 한번 들어가는 사람에게는 모든 자유가 구속되고 모든 권리가 박탈"된다고 언급하였다.[29] 이는 감옥에 수감되면 수감자의 신체는 관리의 대상으로서 통제되었음을 알 수 있는 대목이다.

일제강점기의 형무소는 사형집행소라는 의미로도 해석되었다.[30] 형무소에서 여러 건의 사형이 집행되었기 때문이다. 당시 형무소에 수감된 조선인의 대부분은 항일운동가였고, 일본 간수는 이들을 고문하고 학살했다.

일본은 항일운동가를 관리하기 위한 방안들을 내놓았다. 일본에 저항하는 자를 위한 특별 시설을 만들어 "교화훈련"을 실시하였다. 이는 신체 고문과 학대를 동반한 교화의 일환으로 시행되었다.[31] 1941년에는 서대문형무소에 예방구금소를 설치하여 항일운동가에 대한 감시와 통제를 강화하였다.

인물카드: 항일운동가 수감자 통제의 도구

일본은 항일운동가 수감자를 체계적으로 관리하기 위해 '인물카드'를 제작하였다. 인물카드는 일제 경찰관서에서 주요 감시 대상을 관리하기 위해 만든 것으로, 사진과 함께 수감자의 형명과 형기, 형기 선고 날짜 등을 기재하였다. 인물카드는 형무소에서 수형기록카드로 사용되었다.

기록에 따르면 4,630명 중 18명을 제외한 4,612명(99.61%)에게 '사상범죄' 혹은 '동원령 위반'이라는 죄명이 부여되었다.[32] 이 외에도 강도,

절도, 방화, 사기 등의 죄명으로 수감된 자들도 있었으나, 이들 역시 「치안유지법」이나 「보안법」, 「국가총동원법」 등을 위반한 죄명이 함께 부여되었다. 이는 일본이 조선인의 다양한 범죄행위를 사상범죄와 연결해 항일운동가로 분류하고 통제하려는 의도가 반영된 것이다.

일제강점기 제작된 수형기록카드는 관리의 변화에 따라 4가지 형태로 변화하였다.[33] 초기의 수형기록카드는 수감자의 신상정보로 형기와 형명 등 단순한 기록만 담고 있었지만, 1920년대 「치안유지법」이 제정되면서 사상범을 더 철저히 감시하기 위해 기록 항목이 크게 늘어났다. 호주와의 관계, 부모의 이름 등 가족관계까지 기재하며 수감자를 더욱 세밀하게 통제하였다.

그러나 1928년을 기점으로 사상 통제가 본격화되면서 수감자가 급증하고 일반인의 저항이 증가하자 현장 실무에 불필요한 기재 사항은 과감하게 삭제하여 기록을 간소화하였다. 마지막 형태의 수형기록카드는 수감자의 인적 관계망, 소속 조직과 단체의 동향 등을 확보하여 지속적으로 관리하려는 의도를 반영하였다.

수형기록카드는 수감자의 특징과 죄명 등을 기록함으로써 수감자를 "자료의 영역" 안에 넣어 관리하고자 하는 목적을 갖는다.[34] 푸코는 《감시와 처벌》에서 근대 규율이 수감자, 학생, 환자 등의 통제를 가시적 형태에서 비가시적 형태로 변화시키며, 통제의 힘을 강화했다고 설명하였다. 이는 인간의 신체에 대한 가시적 처벌에서 개인정보를 자료로 정리하는 비가시적 통제로의 전환을 의미하며, 일제강점기 수감자 관리

(좌) 유관순의 수형기록카드. (우) 의열단원의 인물카드. 오른쪽 위에는 김원봉이, 하단에는 김익상이 있다.

그림 1-6 유관순과 의열단원의 카드[35]

에서도 이러한 통제 방식을 볼 수 있다.

수감자에 대한 기록은 수감자 개인의 정보에 관한 일련의 기호체계를 형성하였고, 이 기호체계는 수감자 집단의 전반적인 특징을 보여준다. 그리고 이는 특정 항일운동가의 상황을 신속하고 정확하게 파악할 수 있게 한다. 이러한 인물카드는 "범죄수사상 가장 유효한 자료"로 평가되는데,[36] 2018년 10월 등록문화재 제730호로 등재되었다.[37]

여기에 더해 1930년대 일본은 사상범 통제를 강화하기 위해 '사상범 수형자 소표思想犯受刑者 小票'를 도입하여 시행하였다. 이 소표는 사상범의 전향 여부를 주기적으로 평가하기 위한 도구로, 사상 전향의 가능성 정도를 '없음無', '보통普通', '있음有' 등 10개로 구분하여 관리하였다.[38]

그림 1-7 비전향자 표식[39]

특히 전향 가능성이 낮거나 전향을 거부하는 강경한 사상범에게는 '비전非轉' 이라는 한자 표식을 수감자 기록 표지의 좌측 상단부에 붙여 특별 관리하였다. 비전향자에 대한 관리와 감독을 더 엄격하게 했던 모습이다.

동작시한표를 통한 규율 강요와 일상 통제

일제강점기 형무소에서는 수감자를 체계적으로 통제하기 위해 '동작시한표動作時限表'라는 시간표를 만들어 수감자의 하루 일과를 관리하였다. 명칭을 '시간표時間表'가 아닌 '시한표時限表'라고 한 점이 흥미롭다. 수감자를 엄격한 시간의 틀 속에서 통제하여 쉽고 효율적으로 관리하려는 의도를 반영한 것으로 해석된다.[40] 이러한 시간 관리 방식에는 수감자를 더욱 순종적으로 만들기 위한 일제의 의도가 담겨 있다.

동작시한표는 일반범과 사상범인 독립운동가로 나누어 운영되었다. 일반범은 서대문형무소 내 공장에서 노역에 동원되었으며, 이들의 일과는 〔표 1-1〕과 같이 구성되었다. 반면 '사상범'인 독립운동가는 노역에 동원되지 않는 대신 일반 수감자보다 더 엄격한 생활을 강요받았다. 이들은 바른 자세인 정좌正坐로 앉아 있어야 하고, 오전 10시마다 교도관에게 검방檢房을 받으며 철저한 감시와 통제를 받았다.

표 1-1 수감자 동작시한표[41]

구분	1월, 12월	2월, 11월	3월, 9~10월	4~5월, 8월	6~7월
기상	7:00	7:00	6:00	6:00	5:00
작업시작	8:00	8:00	7:00	7:00	6:00
휴게	-	-	-	10:00~10:15	10:00~10:15
점심	12:00~12:30	12:00~12:30	12:00~12:30	12:00~12:30	12:00~12:30
작업시작	12:30	12:30	12:30	12:30	12:30
휴게	-	-	-	15:00~15:30	15:00~15:30
작업종료	16:00	17:00	17:00	18:00	18:00
취침	19:00	20:00	20:00	20:00	21:00

동작시한표는 단순히 시간을 관리하는 것을 넘어, 수감자에게 규율을 강요하고 일상을 통제하는 강력한 도구였다. 이는 일제강점기 형무소에서 수감자의 신체뿐만 아니라 정신적 순응을 강요한 일제의 통제 방식을 잘 보여준다.

사상 전향과 황국신민화의 강요에서 문맹퇴치와 기술교육까지

일제강점기 형무소는 수감자에게 사상 전향과 황국신민화를 목표로 한 교육을 실시하였다. 교육의 법적 근거는 「조선감옥령시행규칙」[42] 에서 찾아볼 수 있다. 이 규칙의 제6장은 '교회 및 교육' 조항을 통해 수감자에 대한 교육 시행의 근거를 명시하였다.

제 6장 교회 및 교육

제 85조 감옥법 제 30조에 의하여 교육을 받는 수감자에게는 매일 4시간 이내에 그 교육정도에 따라 수신·독서·산술·습자 기타 필요한 학과를 교수하여야 한다.

제 86조 ① 문서·도화의 열독은 감옥의 기율에 해가 되지 아니하는 것에 한하여 허용한다. ② 신문지 및 시사의 논설을 기재한 것은 열독을 허용하지 아니한다.

제 87조 잡거구금에 붙여진 재감자에게는 동시에 3개 이상의 문서·도화를 열독하게 할 수 없다. 다만, 자서는 필요에 따라 그 책 수를 늘릴 수 있다.[43]

「조선감옥령시행규칙」에 따라 형무소에서 수감자에게 교육을 제공할 법적 근거가 마련되어 있었다. 그러나 당시 형무소교육의 궁극적인 목적은 수감자를 일제의 통치에 순종하게 하고, 사상을 전향시키는 데에 있었다. 교육은 주로 항일운동에 참여한 조선인 사상범에게 황국신민의 도道를 설명하며 일본을 위해 활동해야 한다는 내용을 중심으로 이루어졌다.

思想犯收監者中(사상범수형자중)에는 相當(상당)한 數(수)의 非轉向者(비전향자)가 잇는것은 甚(심)히遺憾(유감)이다 萬若在所者中(만약재소자중) 思想(사상)을轉向(전향)치안흔대로 刑期(형기)가차서釋放(석방)되는者(자)가잇어서는 畢竟(필경) 一般民衆(일반민중)으로하여금 行刑(행형)의 效果(효과)를 疑心(의심)케하게될것이다 故(고)로 各位(각위)는 受刑者(수형자)의 個性(개성)에對(대)하야 그敎化(교화)의具體方途(구체방도)에 周到(주도)한研究(연구)를하야不斷(부단)의努力(노력)으로써 此等(차등) 非轉向收監者(비전향수형자)로하여금 在所中(재소중)모두 忠良(충량)한 皇國臣民(황국신민)으로 更生(갱생)시킬것을 目標로 半島刑務所非轉向收監者(반도형무소비전향수형자)의 絶無(절무)를期(기)하라[●44]

일본은 「조선감옥령시행규칙」에 근거하여 수감자를 '교화'시키기 위한 '교회' 프로그램을 운영하였다. 교회는 크게 집합 교회와 개별 교회로 나누어졌으며, 집합 교회는 수감자가 사망했을 때 관계자가 참석하는 '관전棺前 교회' 등이었고, 개별 교회는 형무소 규칙을 지키지 않은 자에게 하는 '반칙反則 교회', 상표를 받은 자에게 하는 '수상受賞 교회' 등이 포함되었다. 교회의 주된 내용은 일본 천황에 대한 은혜와 감사感謝를 강요하는 것이었다.

● 사상범 수감자 중에 상당한 수의 비전향자가 있다는 것은 심히 유감이다. 만약 수감자 중 사상을 전향하지 않은 채로 형기가 차서 석방되는 자가 있다면 필경 일반민중이 행형의 효과를 의심하게 될 것이다. 고로 각위(各位, 전국 형무소장)는 수감자의 개성을 살려 교화의 구체적 방안을 주도하는 연구를 하여 부단한 노력을 함으로써 이들 비전향 수감자를 재소 중 모두 충량한 황국신민으로 갱생시킬 것을 목표로 하라.

이와 같이 형무소교육의 목적은 수감자의 사상을 전향하고 일제에 대한 순응을 유도하는 데 있었다. 일제는 이러한 교육을 통해 수감자를 황국신민으로 만들고자 하였다. 이는 형무소가 단순한 구금의 장소가 아니라, 사상 통제와 황국신민화 교육의 장으로 활용되었음을 보여준다.

1935년 형무소에서는 문맹퇴치교육과 기술교육을 시행하였다. 총독부 법무국 행형과는 문맹퇴치를 위한 교육 계획을 발표했는데,[45] 이는 일본어를 가르치는 교육을 의미하였다. 기술교육으로는 주로 목공 기술을 가르쳤다.

「조선감옥령시행규칙」에 따르면, 일제강점기 형무소에서는 수감자에게 학과교육을 제공할 수 있는 법적 근거가 마련되어 있었다. 당시 신문기사에서는 "감옥 내 학교를 세워 여타 수형자들에게 한글(조선어)과 외국어를 비롯하여 성경을 가르치고, 도서실을 설치하여 책을 대출, 돌려보았다"고 한다. 1937년에는 형무소에서 수감자교육을 확대하여 학과교육을 증설하여 운영하겠다고 발표하였다.

> 현재보통학교三(삼)년수료 정도의 남녀수인(囚人)八十五(팔십오)명을 三(삼)학급으로 나누어 산술, 수신, 창가조선어 등을 교수하고잇는데 오는 十월 一1일부터는 이를 본격적으로 확대시켜 一학급을 증가시키기로 하엿다한다.•[46]

• 현재 보통학교 3학년 정도의 남녀 수인(囚人) 85명을 3학급으로 나누어 산술, 수신, 창

형무소에서 시행된 학과교육은 산술, 수신, 창가, 조선어 등으로 구성되어 있었는데, 이는 일본이 제정한 「조선교육령」[47]과 「보통학교규칙」[48]을 반영한 것으로 보인다. 교과서는 일제의 식민정책과 이데올로기를 전파하는 강력한 도구로 활용되었다. 이와 같이 일본은 교육이라는 미세한 통치 전략을 통해 황국신민화를 실현하고자 하였다.

특히 주목할 점은 이 시기에 형무소교육에서 '성인교육'이라는 언표가 등장한 것이다. 1939년 《매일신보》는 〈형무소 재감자에도 성인교육의 서광 — 평양에서 성인교육 첫 종료식〉이라는 제목의 기사를 통해 형무소 내에서 성인교육을 실시한다고 보도하였다. 형무소에서 문맹자 수감자에게 "초등 정도의 성인교육"을 실시한다는 내용이다.

> 平壤刑務所(평양형무소)에서는 一段(일단) 文盲受刑者(문맹수형자)들의 出所後(출소후)의更生生活(갱생생활)에있게 資(자)하는바잇게하고서 얼마전 小學校卒業程度(소학교졸업정도)의 學力(학력)을가르켜주고서 初等程度(초등정도)의姓人教育(성인교육)을 實施(실시)하여왓섯는데 여귀에教育(교육)을밧는자 男子六學級百名(남자육학급백명) 女子四學級ㅁ三十名(여자사학급삼십명)에達(달)하야 熱心(열심)히工夫(공부)들을하야 相當良好(상당양호)한成績(성적)을나타내고잇섯는데 今月二十六日(금월이십육일)로써 第一回(제일회)의終了式을(종료식)擧行(거행)하야 男女一百三十名(남녀

가, 조선어 등을 교수하고 있는데 오는 (1937년) 10월 1일부터는 이를 본격적으로 확대시켜 1학급을 증가시키기로 하였다 한다.

일백삼십명)의 文盲(문맹)을啓蒙(계몽)하엿다. 그리고또新學期(신학기)는 一月十日일(일월십일)부터 修業(수업)을開始(개시)하기로 되엿다•49

일제강점기 '성인교육'의 의미와 문화식민화 전략

일제강점기 신문기사에서 '성인교육'이라는 언표가 사용되었다는 것은 주목할 만하다. 하나의 언표에는 무수히 많은 권력과 담론이 담겨 있기 때문이다.[50] 성인교육이라는 언표에도 일제의 통치 전략이 담긴 힘이 작용하여 내포되었을 것이다.

당시 성인교육은 일본이 조선의 문화식민화를 위해 교육을 제공했던 것과 연관된다. 일본은 완벽한 식민 통치를 위해 조선 아동뿐만 아니라 성인에게도 교육이 필요하다고 판단하였다. 일제강점기 학교에 입학한 사람들의 나이가 최소 7세부터 최대 23.2세였다는 점을 보면,[51] 모든 연령대의 조선인에게 교육이 무단통치의 일환으로 활용되었음을 알 수 있다.

• 평양 형무소에서는 일단 문맹자들의 출소 후의 갱생생활에 있게 하는 바 얼마 전 소학교 졸업 정도의 학력을 가르쳐 주고서 초등 정도의 성인교육을 실시하여 왔었는데 여기에 교육을 받는 자 남자 6학급 100명 여자 4학급 30명에 달하여 열심히 공부들을 하여 상당 양호한 성적을 나타내고 있었는데 금월 26일로써 제1회의 종료식을 거행하여 남녀 130명의 문맹을 계몽하였다. 그리고 또 신학기는 1월 10일부터 수업을 개시하기로 되었다.

성인교육 실시는 《조선어독본》을 전국에 배포한 것에서 볼 수 있다. 예를 들어 함경북도 농촌에 성인교육의 일환으로 《조선어독본》을 배급하였는데,[52] "도내농촌에 성인교육회成人敎育會를 설치"하여 "조선어독본급산술서교화재朝鮮語讀本及算術書敎化材 요약料約 2만 부를 인쇄하여 관내 각 군郡에 공급"하였다. 《조선어독본》은 일제가 조선인을 식민지적 주체로 형성하기 위한 문화적 장치였다.[53] 부르디외P. Bourdieu 1930~2002의 주장처럼 교육은 이데올로기를 재생산하는 도구이며 체제를 선전, 유지하는 강력한 수단이다. 또한 국가를 유지하고 통제하는 가장 유력한 수단 중 하나가 학교라는 그람시A. Gramsci 1891~1937의 말처럼 교육은 당대의 정치적 이데올로기를 전파하는 강력한 수단이다.

이러한 맥락에서 일제가 조선어 교재를 "교화재敎化材"라고 표현한 것도 일본의 통치정책을 담은 것이다. 당시 '교화敎化'는 일본이 조선인을 식민화 주체로 변화시키는 것을 의미했고, 교화정책은 형무소뿐만 아니라 일반 사회에서도 활발히 일어났다. 형무소 수감자를 대상으로도 교육을 제공한 것은 이들을 더욱 잘 처벌하고 사회 전체에 사상을 더욱 깊숙하게 침투시키기 위한 전략이었다.

당시 성인교육은 한 공간에 학생들을 모아두고 가르치는 형식교육만을 뜻하지 않았다. 1930년 12월 7일 《매일신보》에는 〈성인교육고조成人敎育高調와 독서열점왕성讀書熱漸旺盛〉[54]이라는 제목의 기사가 실렸다. 성인교육이 활발하게 이루어지는데, 도서관 이용이 증가하고 있다는 점에서 이를 알 수 있다는 것이다. 기사의 부제는 "[총독부도서관總督府圖

書館만 매일每日 백명百名] 앞으로도 점점 늘어가는 기분현상이다. 과연 찬하讚賀할 현상現像"이었다. 학교에 다니지 않는 성인이 도서관을 많이 이용하는데 이것은 칭찬하고 축하할 만한 일이라는 것이다.

> 학교(學校)에 단이지안는사람들도공부를하자는 소위성인교육문제(成人敎育問題)는그 민족(民族) 그사회(社會)의도서관(圖書館)의리용상태여하(利用狀態如何)와및 그의성쇠여하로곳 그의추세를 대강 짐작할수잇는바 이에시내총독부도서관(總督府圖書館)의지난십일월한달동안의 독서자(讀書者) 통계를보면 ▲男子 一萬四千六百七十名 ▲ 女子 六百〇名 ▲ 合計 一萬五千三百四十七名 의즉 일만오천삼백사십칠명의 남녀가 도서관을리용힌수자로 하로평균(一日平均) 오백구십명강(五百九十名强)의 남녀가 입관한셈인바 전긔십일월한달의통계로써 미루어게산한다면 일년에평균연인원이십만명(年人員二十萬名)이나되는 만흔사람이 도서관을리용하는 현상으로 이것은다만총독부도서관 한곳만의 통게에지나지안는터이나 경성부립도서관(京城府立圖書館)을비롯하야전조선각면 실로막대한수자에 이를것으로관측되는바 엇잿던 향학열(向學熱)의 팽창과 일반사회정세(社會情勢)의 변천으로 성인교육(成人敎育)의 독서열(讀書熱)이 왕성해지는 것은 무엇보다도 깃거운 현상이라고할것이다[•55]

• 학교에 다니지 않는 사람들도 공부를 하자는 소위 성인교육 문제는 그 민족과 사회의 도서관 이용 상태 여하 및 성쇠 여하로 곧 그의 추세를 대강 짐작할 수 있는 바 이에 시내 총독부도서관의 지난 11월 한 달 동안의 독서자 통계를 보면 — 남자 14,697명 — 여자 650명 — 합계 15,347명의, 즉 15,347명의 남녀가 도서관을 이용한 숫자로 하루평

이 기사는 도서관 이용의 증가를 조선인의 향학열向學熱과 성인교육의 독서열이 왕성해지는 것으로 보고 긍정적인 현상으로 평가하였다. 그러나 일제강점기의 맥락에서 보면, 성인교육과 독서열의 강조는 조선사회의 교육열을 일제가 긍정적인 현상으로 포장하여 문화 통치의 정당성을 부여하려는 의도가 담겨 있다고 할 수 있다.

일제는 조선인에게 교육과 문화활동을 제공하고 있음을 내세우며 통치를 합리화하고자 하였다. 따라서 위와 같은 내용은 교육열을 순수하게 바라본 것이 아니라, 조선인을 문화적으로 동화시키고자 한 의도가 숨겨져 있었을 것이다.

수감자용 잡지 배부 및 누진처우제

형무소에서는 형식적 교육뿐만 아니라 독서와 같은 비형식적 학습도 이루어졌다. 1924년부터 형무소에서는 《도道》라는 잡지를 매월 1일과 15일에 발행하여 약 4,500부씩 배포하였다. 이 잡지는 일본어와 한국어

균 590명의 남녀가 이용한 셈이다. 전기 11월 한 달의 통계로써 미루어 계산한다면 1년에 평균 연인원 20만 명이나 되는 많은 사람이 도서관을 이용하는 현상으로 이것은 다만 총독부도서관 한 곳만의 통계에 지나지 않는 터이나 경성부립도서관을 비롯하여 전 조선 각지 도서관의 통계까지 합한다면 실로 막대한 숫자에 이를 것으로 관측된다. 어쨌든 향학열(向學熱)의 팽창과 일반 사회 정세의 변천으로 성인교육의 독서열이 왕성해지는 것은 무엇보다도 기꺼운 현상이라고 할 것이다.

두 종류로 발행되어 각 형무소에 배부되었다.[56] 《백범일지》에는 서대문 형무소에 이승만이 투옥되었을 때 도서실을 설치하였고, 노역을 쉬는 날에는 각종 책자를 방에 들여보내 줬다는 내용이 있다.

> 서대문감옥에는 역대의 진귀한 보물이 있으니, 지난날 이승만(李承晩) 박사가 자기 동지들과 같이 투옥되었을 때, 서양인 친구들과 연락하여 옥중에 도서실을 설치하고 우리나라와 외국의 진귀한 서적을 구입하여 5, 6년간 긴 세월 옥수(獄囚)에게 나라를 구하고 부흥시키는 방도를 강연하였던 그것이다. 노역을 쉬는 날 서적고에 쌓인 각종 책자를 각 방에 들여보내 주는데 (…)[57]

1937년부터는 누진처우제•가 실시되어 1급 수감자에게는 도서실에서 문서와 도서를 열독할 수 있는 권한이 부여되었다. 그러나 1급 수감자는 전체 수감자의 1% 미만이었기 때문에 독서를 자유롭게 할 수 있는 사람은 극히 적었을 것이라고 추측된다.[58]

• 누진처우제는 수감자의 특징이나 변화의 정도에 따라 수감자를 분류하고 높은 등급인 수감자에게는 처우의 혜택을 많이 주는 제도이다. 수감자의 노력에 따라 등급이 올라갈 수 있고, 수감 태도가 좋지 않는 자는 처우가 제한된다.

정서교육과 종교교육: 수감자 통제의 새로운 형태

일제강점기 형무소에서는 '정서교육'도 시행되었다. 정서교육은 주로 음악을 접하게 하는 것이었다. "별반 피해가 없으리라고 볼 만한 범위 내에서 라디오와 레코드로 그들을 위안"하였고, 때로는 음악 단체를 초청하여 "바이올린 연주"를[59] 제공하기도 하였다.

이러한 정서교육은 수감자의 정서를 함양하기 위한 것이 아니라, 새로운 "도덕기술"[60]의 일환으로 사회통제를 강화하기 위한 권력 기법의 하나로 이해할 수 있다. 즉, 정서교육은 수감자의 신체에 새로운 권력 전략을 적용한 것이다. 특히 1972년 형무소에서 실시된 정서교육으로 아침 조례를 시작으로 준수 사항 등을 암송하는 일들이 이루어졌다는 점을 볼 때,[61] 일제강점기 형무소에서 실시되었던 정서교육도 통제와 관리의 목적이 강했을 것으로 보인다.

일제강점기 형무소에서는 종교교육도 시행되었다. 당시 일본은 조선인에게 신사 참배를 강요하며 종교를 식민 통치의 수단으로 활용하였다. 종교를 통한 식민 통치가 일반 사회뿐 아니라 형무소에도 영향을 미쳐 수감자를 대상으로 종교교육이 시행된 것이다.

형무소에서의 종교교육은 일본불교 교단에 소속된 친일승려들에 의해 이루어졌다. 이는 순수한 종교교육이 아닌 황국신민화를 목적으로 한 제국주의적 교육으로, 수감자에게 종교의 자유를 보장하기 위한 것이 아니라 정치적 목적을 띤 통제 수단이었다.

수감자교육을 강화하기 위한 제도와 수감 인력 활용

일제강점기 형무소에서는 수감자교육을 강화하기 위해 '교육보조자'를 모집하였다. 총독부 법무국은 "수인囚人의 교육의 강화 철저를 기도하여 전 조선 각 형무소와 지소支所에서 교육보조자敎育補助者를 모집하겠다"는 계획을 발표하였다. 교육을 보조하는 사람을 형무소 외부에서 모집하는 것은 오늘날 교정위원의 운영과 유사하다. 교정위원은 교정시설에서 수형자의 교화활동을 지원하고자 운영되고 있는 교화사업이다. 교육보조자는 현재 운영되는 교정위원의 초기 모습이라고 할 수 있을 것이다.

일제강점기 형무소에서는 '촉탁보호사囑託保護司'도 운영하였다. 촉탁보호사는 항일운동가인 '사상범' 출소자의 재범을 방지하기 위해 고안된 제도다. 이들의 주된 임무는 항일운동가들이 출소 후 더 이상 활동하지 못하도록 황국신민으로 전향시키는 것이었다.

또한 당시 일본은 조선인 수감자에게 직업을 갖게 하였다. 이는 수감자를 노동력으로 활용하기 위해서였다. 일제강점기에 제정된 징역표懲役表는 노동 가능성을 기준으로 상인常人인 보통사람과 수예殊藝인 특수기술자, 노약老弱과 부녀婦女 등 4종으로 나눠 노동력을 부여하였다. 노동이 가능한 수감자는 감옥을 건축하는 노동력으로도 활용되었다.[62]

감옥의 改築(개축)은 종래 財政(재정)과 기타 사정으로 인하여 臨時(임시) 應急(응급) 시설 위주로 되었는데, 재감인원의 증가로 불편한 것이 많은 바, 금년(1915년)부터 비교적 완비할 수 있는 건축 시행 계획을 수립하였다. 이는 在監人(재감인)을 使役(사역)시켜 직영으로 시공함으로써 건축비를 절약하였다. 먼저 西大門監獄(서대문감옥) 拘置監(구치감), 海州(해주) 및 咸興(함흥) 양 감옥의 개축에 착수하였다.[63]

일본은 제2차 세계대전이 일어나자, 수감자를 전쟁 인력으로도 활용하고자 하였다. 이러한 모습은 형무소의 운영과 교육의 양상이 시대적·경제적 맥락에 따라 변화하였다는 것을 보여주는 사례다.

이번 회의에는 특히 각 형무소장에게 수형자의 교화지도 방침을 어떠케 개선햇스면 조켓느냐는 것을 자문(諮問)한 바, 각형무소장은 그동안의실제성적과 그들의현상은 삷히어 구체적인방침을 답신할것으로 그 결과극히주목되고잇는데 총독부 법무국으로서는전시 하에 그만한인적자원(人的資源)을 활용하고 그만한 로력을 시국산업으로 운용한다고하는 중대한 사실에비추어 이번회의에서는 종래에 업든지도방법을 세우리라고한다

그래서 지금까지의응보행형(應報行刑) 즉 지은바죄의대상으로 만흔 벌을 밧게하는 소극적인 방침으로부터써나교육행형(教育行刑)으로 전향하야 재감중에 완전한 인격을 갖추는동시 비상시하종후활동을 한득불수잇슬만한 기술을 가르켜훌륭한 인적자원이되게한다든 것이다[64]

이와 같이 일제강점기 일본은 감옥을 운영하면서 조선인을 통제하였다. 일본의 형무소 운영 방식은 수감자의 정신을 변화시키려는 목적뿐 아니라, 전쟁 인력으로 활용하기 위한 경제적 목적까지 포함한 체계적인 통제 전략이었다.

김구의 감옥교육론: 수감자와 간수 모두를 위한 학습의 중요성

일제강점기의 대표적인 독립운동가 김구는 형무소교육의 중요성을 강조하며, 수감자뿐만 아니라 간수看守인 교도관도 교육에 힘쓸 것을 주장하였다. 《백범일지》에서 김구는 간수인 교도관은 학식이 있는 자여야 하고, 출소한 수감자도 감옥에 다녀온 자라고 무시하지 말고 학식 있는 자로서 대우해야 한다고 주장하였다.

● 이번 회의에서는 특히 각 형무소장에게 수형자의 교화지도 방침을 어떻게 개선했으면 좋겠냐는 것을 자문한 바, 각 형무소장은 그동안의 실제 성적과 그들의 현상을 살펴 구체적인 방침을 만들어 그 결과가 극히 주목되고 있는데 총독부 법무국으로서는 전시하에 그만한 인적자원을 활용하고 그만한 노력을 시국산업으로 운영한다고 하는 중대한 사실에 비추어 이번 회의에서는 종래에 없던 지도 방법을 세우리라고 한다. 지금까지의 응보행형 즉 지은 죄의 대상으로만 벌을 받게 하는 소극적인 방침으로부터 떠나 교육행형으로 전향하여 재감 중에 완전한 인격을 갖추는 동시에 비상시 전쟁 인력으로 활동하는 것을 한껏 볼 수 있을 만한 기술을 가르쳐 훌륭한 인적 자원이 되게 한다는 것이다.

> 후일 우리나라가 독립한 후 감옥 간수부터 대학 교수의 자격으로 사용하고, 죄인을 죄인으로 보기보다는 국민의 일원으로 보아서 선으로 지도하기에만 주력해야 하겠고, 일반 사회에서도 감옥살이 한 자라고 멸시하지 말고 대학생의 자격으로 대우해야 감옥(을) 설치한 가치가 있겠다.[65]

이러한 김구의 주장은 감옥에서의 교육이 단순히 교화에 그치지 않고, 수감자에게 중요한 학습경험이 될 수 있음을 시사한다. 김구가 강조한 형무소의 교육적 기능과 필요성은 오늘날 교정시설에도 중요한 함의를 제공한다.

* * *

일제강점기 형무소는 조선인의 정신과 신체를 통제하기 위한 도구였다. 조선총독부는 항일운동가를 통제하기 위해 수형기록카드와 표식으로 철저하게 관리하기도 하였다. 형무소에서의 교육은 황국신민화를 위한 수단이었다.

1945년 우리나라는 일제로부터 해방하였다. 오랜 억압에서 벗어나 새로운 자유의 가능성을 마주한 순간이지만 완전히 자유로운 시대가 펼쳐진 것은 아니었다. 대한민국은 해방 이후 미군정이 시작되며 또 다른 형태의 혼란을 겪게 된다.

제2장

전향의 시대

해방에서 제1공화국까지

1946~1961년

1945년 8월, 일제로부터 해방된 조선은 미군정이라는 새로운 통치체제 아래 놓였고, 1950년 한국전쟁이 일어나면서 혼란과 불안이 뒤엉킨 과도기를 거쳤다.

이 시기 해방과 함께 많은 독립운동가가 석방되었다. 그러나 미군정이 실시되면서 국민이 저항했고, 경제 난국으로 형무소의 수감 인원은 다시 증가했다.[1] 1948년 대한민국정부가 수립된 후 법무부 형정국이 설치되었고, 1950년에는 「행형법」이 제정되어 교정 업무가 확대되었다. 사회에는 새로운 규범이 마련되어 새로운 범죄자가 양산되기도 하였다. 예컨대 1954년 제정된 「경범죄처벌법」은 한국 문화와 국민의 삶에 큰 영향을 미쳤다. 법 제정 이후 국민은 생활 속에서 다양한 양식을 통제받았다.

형무소는 '민주행형'이라는 표어 아래 교정행정을 재정립하고자 했지만, 이는 사상 전향을 강제하는 또 다른 규율장치로 작동하였다. 수감자의 변화는 좌익사상에서의 전향을 의미했다. '전향'은 반공주의에 기반한 국가 이데올로기의 중심 개념이자, 가석방 심사와 등급 분류, 식량 배급, 잡지 기고 등 수감자의 일상에 촘촘히 침투한 규율이었다. 당시 형무소에서 시행되었던 지도원제도, 도의교육 등은 이 시기 통제의 양상들이다.

이 장에서는 해방 후부터 1961년까지를 '전향의 시대'로 규정하고, 이 시기의 형무소 운영이 어떻게 변화했는지를 살펴본다.

해방 이후 교정행정의 재정립

1945년 8월 15일 일본으로부터의 해방 이후 전국 형무소에 수감되었던 수많은 독립운동가는 집으로 돌아갈 수 있었다. 그러나 해방과 동시에 미군정기가 시작되면서 형무소 수감 인원은 다시 급증하였다. 해방 당시 형무소의 수용 인원은 20,900여 명이었으나, 사상범 석방으로 2,600여 명으로 급감하였다. 그러나 미군정이 실시되면서 이에 대한 저항과 경제적 혼란이 겹쳐 형무소 수감 인원은 다시 급증하여, 1946년 초 남한 지역의 수감자는 15,000여 명, 1946년 말에는 10,008명, 미군정 종료 시점에는 22,279명에 이르렀다.[2]

해방 당시 한반도에는 17개의 형무소와 11개 지소가 있었으며, 이 중 38도선 남쪽에 12개의 형무소와 7개 지소가 있었다. 1946년 3월 28일에는 6개의 지소가 형무소로 승격되었다.

해방 이후 1948년 한국정부가 수립되면서 법무부가 설립되었고, 과도정부 사법부를 거쳐 법무부 형정국이 설치되었다. 1949년 정부는 혼란한 수용 상황을 해결하고자 「형무소 설치에 관한 건」[3]을 제정하여 부천형무소와 영등포형무소를 설치하고 형무관 1천 명을 증원하였다.[4]

1950년 3월 2일에는 「행형법」을 제정하여 교정행정의 틀을 마련하였다. 「행형법」 제1조는 "본법은 수형자를 격리보호하여 교정교화하며 건전한 국민사상과 근로정신을 함양하고 기술교육을 실시하여 사회에 복귀케 함을 목적으로 한다"고 명시하였다. 이는 일제강점기의 응보행형에서 벗어나 민주행형으로 전환하려는 시도였다. 그러나 법의 실질적 내용과 형식은 기존의 일제강점기 「감옥법」에서 크게 벗어나지 못하였다.

행형 업무는 법무국 내의 형무과가 담당하였고, 이후 법무국이 사법부로 개편되면서[5] 형무과는 형정국으로 격상되었다. 1947년 5월에는 형정국 내에서 과를 개편하여 형무과, 작업과, 서무과, 교무과, 보호과 등 5개의 과를 운영하였다. 다음 해 3월 31일에는 「과도정부 법령」 제172호로 「우량수형자 석방령」이 공포되며 선시善時 제도가 도입되었다.

미군정기에는 민주행형이 구현되었나

미군정기에는 행형의 기본이념을 '민주행형'에 두었다. 이는 1946년 3월 23일 형정국장이 각 형무소장에게 하달한 지시 사항을 통해 알 수 있다. 미군정 당국은 일제강점기에 만들어진 각종 법규를 그대로 사용하되, 이를 민주적 방향을 고려하여 집행하라는 지시를 내렸다. 예컨대 감식減食 벌의 경우 인도적인 문제가 있으므로 범죄의 종류와 상관없이 다른 징벌로 대체할 것을 권장하였다. 수갑 역시 단기 사용을 원칙으로 하여 심신에 악영향을 미치지 않도록 하였다.

> 1. 감식(減食)벌은 인도 상 가혹한 제재이므로 금후에는 범행 종류의 여하를 막론하고 감식 벌을 가할 필요가 있을 시는 다른 종류의 징벌로서 이것을 대행할 것.
> 2. 형구를 사용할 경우에 장구한 시일에 걸쳐 수정(手錠)을 이용하며 또는 수상(手上)의 사용으로 인하여 심신에 이상을 생(生)하게 하는 것은 인도 상 고려할 문제이므로 그 범행에 鑑(비추어)하여 부득이 手錠(수갑)을 사용할 시는 가급적 단시일에 그치도록 할 것.[6]

민주행형을 도입하겠다는 것은 해방 이후 한국에서 강조한 교육 개혁의 새로운 요구와도 밀접한 연관이 있었다. 당시 우리나라에서는 식민지교육을 청산하고 새로운 체제를 마련해야 한다는 목소리가 컸다. 이는 교육을 민주화해야 한다는 논의로 이어졌다.[7]

> 교육의 민주화는 군정을 담당하였던 미행정관들의 소신이었고 이에 협력하는 한국인 직원들의 염원이기도 하였다. 그들은 민주국가의 건

설은 그 바탕이 되는 민주교육 없이는 불가능하다는 굳은 신념을 가지고 있었다. 교육의 민주화가 선행되지 않는 한 국가의 민주화는 있을 수 없다는 자명한 진리를 인식하고 있었다.[8]

미군정기에 추구되었던 교육의 민주화는 '민주주의교육'이라는 개념으로 나타났다. 민주주의교육은 전체주의적인 획일화를 피하고, 아동의 개성과 적성을 존중하는 교육을 의미했다. 그 대표적인 방식이 아동중심교육이었다. 1947년에 발간된 《조선교육》 창간호에서는 이를 "아동의 개성을 살리고, 개인차에 맞춘 지도를 한다는 것"이라고 설명하였다.

이러한 교육의 민주화이념은 형무소에도 영향을 미쳤다. 그러나 미군정기 형무소는 기대와 달리 일제강점기의 잔재를 크게 탈피하지 못한 채, 그 구조와 운영 방식을 상당 부분 답습하였다. 특히 「군정법령」 제21호(1945년 11월 2일)를 통해 일제가 한국인을 차별하던 법령을 일부 폐지했음에도, 대부분의 법령은 존속하여 계속 적용되었다.

한국전쟁의 영향으로 인한 사상범 통제와 반공교육

1950년에 한국전쟁이 발발하면서 우리 사회 전반에 반공 이데올로기가 강하게 자리 잡았다. 반공주의는 1990년대 후반까지 지속되며 우리 사회에 깊은 영향을 미쳤다.

당시 '빨갱이'라고 불렸던 공산주의자는 사회적으로 배척의 대상이 되었고, 물리쳐야 할 적으로 여겨졌다. 1950년 신문에서는 "지금 이때에 있어서 군이 백성들에게 봉사한다는 것은 침약자를 쳐부수고 빨갱이를 소탕하는 것"[9]이라고 하였다. 그만큼 이 시대에 반공은 사회를 재정립하는 데 중요하게 여겨졌다. 이러한 반공주의는 교육에도 깊이 스며들었다. 대표적인 예로 이승복 어린이 사건을 들 수 있다. 이승복이 무장 공비에게 저항하며 외친 "나는 공산당이 싫어요"라는 발언은 도덕 교과서에 실리며 반공교육의 상징이 되었고, 전국 초등학교에는 그의 동상이 세워졌다.

이처럼 반공이념은 사회 전반에 걸쳐 강조되었다. 형무소에서도 마찬가지였다. 1950년대 군산교도소 정문에는 '중단 없는 전진의 해'라는 표어와 함께 '반공'이라는 단어가 크게 적혀 있었다.

한국전쟁 이후 우리나라는 사상범 통제를 강화하였다. 형무소 수감자의 대다수는 사상범이었고, 이들은 사회 전반에서 국가 질서를 붕괴시키는 '적'으로 인식되었다.

이러한 상황 속 형무소에서의 교화란 좌익사상으로부터 전향하는 것이었다. 이는 재소자용 잡지인 《새길》에서 알 수 있다. 1948년 4월 1일에 창간된 《새길》은 사법부 형정국에서 형무소 재소자를 대상으로 발간한 잡지다. '새길'이라는 제호를 쓴 사람은 김구였다. 이 잡지는 현재까지도 제작되고 있으며, 수용자뿐만 아니라 교도관과 교정위원, 교정 전

그림 2-1 1950년대 군산교도소[10]

문가 등의 글도 실려 있다.[11] 현재는 법무부 교정본부 홈페이지에 들어가면 누구나 무료로 《새길》을 볼 수 있다.[12]

1950년대 《새길》에는 〈전향서〉, 〈전향하면서의 성명〉 등의 글이 다수 실렸다. 〈전향서〉는 "붉은 사상을 박차고 하나님 품으로 돌아오며", "공산주의의 죄악상을 깊이 반성함과 동시에 앞으로 개인으로나 국민으로나 갱생한 새사람으로서" 변화하겠다는 내용 등이 담겨 있다.[13]

> 저는 공산주의를 고집하고 신봉했음으로써 얻은 것보다 해(害)가 더 많았습니다 우선 제 일신이 그랬고 가족이 그랬습니다 실로 저는 아직 사상이나 정치를 분면(分辨)할만한 지성도 갖추지 못한채 그것에 적극적 접어들려고 하였던 것입니다 그러므로 자신의 행동을 한탄하며 마지않습니

> 다 (…) 멸공의 선두에서 조국강토(祖國疆土)에 서는 침략자를 구축(驅逐)하는 날까지 씩씩한 역군(役軍)이 되어 싸울 것을 굳게 맹세하나이다[14]

그림 2-2 재소자 잡지《새길》

1950년대 형무소에서 사상 전향을 중요시한 것은 당시 제정된 여러 규정에서도 명확히 드러난다. 1956년 10월 29일 제정된「가석방심사규정」과「행장심사규정」, 1957년 7월 19일 제정된「재소자식량급여규정」[15] 등이 대표적인 예이다.「가석방심사규정」은 가석방에 필요한 심사 기준을 규정한 것이다. 심사 사항 제2조(신원관계 및 심사 사항)에는 "건강상태", "정신상태(지능, 감정 및 의지)", "사상 및 신앙" 등이 명시되어 있는데, 공산주의사상에 대한 관리가 핵심 심사 요소였다.「행장심사규정」은 정기심사, 석방심사 등을 주기적으로 심사하여 재소자를 5등급으로 분류하였다. 그 기준으로 "개과의 정상", "책임관념", "의지의 강약과 작업" 등이 있었다. 이처럼 형무소 내에서 사상 전향은 중요한 관리 지표였으며, 가석방 및 행장심사에 중요한 영향을 미쳤음을 알 수 있다.

또한「재소자식량급여규정」에 기반해 재소자의 등급에 따라 식량이 차등 배급되었다. 1등식은 3,448kcal(918g), 2등식은 3,150kcal(834g), 3등식은 2,850kcal(753g), 4등식은 2,400kcal(669g), 5등식은 2,236kcal

(603g)가 배급되었다. 1등식은 최중노동인 영농 등의 외역수, 2등식은 중노동인 출역수, 3등식은 경노동인 출역수 재소자, 4등식은 작업을 하지 않는 미지정 불취업자, 5등식은 징벌로 인한 감식자 등에게 배식하였다.[16]

등급별 식량을 분배할 때는 일명 '가다밥'이라고 불리던 밥 틀을 활용하였다. 이는 일제강점기 형무소에서 사용되었던 방식이다. 일제강점기에는 노역의 강도에 따라 총 10등급 정도로 구분하여 가다밥을 배급하였다.

그림 2-3 틀 밥(일명 '가다밥')[17]

그러나 가다밥의 규정은 잘 지켜지지 않았다.[18] 특히 사상범에 대한 통제가 심했던 시기라는 점에서 식량 배급 및 행장심사는 이들에게 불리하게 적용되었을 것이다.

1950년대 반공교육은 도의道義 교육을 통해 이루어졌다. 도의교육은 학생 지도를 위해 시행한다고 하였으나 실제로는 규율이나 처벌의 수단으로 운영되었다. 도의교육은 전쟁이라는 특수 상황하에서 집단주의적 교육을 중심으로 이루어졌고, 반공이념을 고취하는 데 중점을 두었다.[19] 이는 1958년 발표된 '국민윤리강령'에서 구체화되었다. '국민윤리강령'은 부지런함과 검박한 생활, 효도, 사랑, 평등, 성실 등 다양한 도덕적 규범을 담고 있었다.

이와 같은 도의교육은 당대의 교육에 대한 관점이 반영된 것이다. 이 시기에는 행동주의 관점에 입각하여 교육을 인간 행동의 계획적 변화로 보았다. 인간의 행동 변화를 위해서는 집단주의적 교육이 필수였다. '건전한 신체에 건전한 정신이 깃든다'는 말이 사회에서 강력하게 받아들여지던 당대의 분위기에서 이를 이해할 수 있다.

> 현대 교육이 아동 중심 이념 아래 있으나 교육 실제에 있어 특히 신체적인 것을 등한시하는 경향이 있지 않나? 신체를 떠나서는 정신은 없다. 건전한 정신이야말로 건전한 신체에 있을 것이다. 교육은 오직 자아의 자유스러운 성장과 발전으로 말미암아 전진 향상할 수 있으며 이로써 완전한 교육이 이루어진다.[20]

도의교육은 형무소에도 영향을 미쳤다. 형무소에서 도의교육이 직접 시행되었는지는 확인되지 않지만 《새길》을 통해 재소자에게 도의교육의 의미가 전달되었다. 《새길》에서는 도의를 "근본적인 태도"로 설명하였다. 즉, 형무소에서 도의교육이 직접적으로 이루어지지는 않았더라도, 공산주의사상으로부터의 전향을 목표로 도의를 강조하였다.

> 도의는 학문이 아니고 근본 태도이기때문에 도의교육은 방법론적인 교육이 아니고 태도론적인 교육이어야 할 것이다 (…) 도의론은 도의적인 근본태도를 밝히어 사람에게 들려줌으로써 그말을 듣고 곧 행동적으로

실천함에 이르도록 결단을 지어주는 말로 될수있음에서 보아 태도의 시정과 혁신을 일으킬수있는 말이되면 그때 그 말의 성질은방법적인 말로서의 이론이라 할수있는것이다[21]

약장수의 몰락: 새로운 범죄의 규정, 범죄 행동의 규제

옛날 시장이나 길거리에서는 다양한 소리가 넘쳐났다. 특히 약장수는 흥미로운 말솜씨와 차력쇼로 많은 사람들을 끌어모으며 만병통치약을 판매했다. 약장수가 흥을 돋워 군중이 모이면 아이들은 "애들은 가라!"라는 소리를 들으며 쫓겨나기도 했다. 그러나 오늘날 이러한 약장수의 모습은 찾아보기 어렵다. 사회의 규범이 정비되고 엄격하게 적용되었기 때문이다.

규범은 사회에서 인간이 따르고 지켜야 할 행동의 틀을 의미한다. 이는 사유와 감정 그리고 의지에 따라 인간이 마땅히 지켜야 할 원리나 법칙으로 작용한다. 규범이 강화되면서 과거에는 용인되던 행동들도 새로운 규범에 따라 처벌할 수 있게 되었으며, 이는 국가가 개인의 생활과 행동을 통제하는 수단으로 작용한다.

1954년에 제정된 「경범죄처벌법」은 국민의 일상적인 행동을 법적으로 규제한 대표적인 사례이다. 이 법은 이전에는 범죄로 인식되지 않던 행동들을 규제 대상으로 만들었다. 예를 들어 남의 집에 잠시 들어가는

정당한 이유없이 남의 집에 못 들어간다.

정신차려야 할 술집, 술에 물타면 큰코다친다.

서리맞을 주정군, 부녀자희롱 아예 삼가라.

맹견 가진 자, 주의하라. 남에게 해끼치면 주인처벌.

그림 2-4 일상 양식의 통제[22]

행동이나 약장수의 소란스러운 소리 등이 처벌 대상이 되었다. 신문에서는 "떠들어도 걸린다", "정신차려야 할 술집, 술에 물타면 큰코다친다"는 식으로 「경범죄처벌법」이 국민의 일상 행동을 통제한다는 내용을 보도하였다.

「경범죄처벌법」 시행 후 경범죄로 적발된 행위는 약 40일 만에 4천여 건에 이르렀다.[23] 이러한 법적 규제는 눈에 보이지 않는 권력으로서 국민의 생활 속으로 서서히 스며들었고, 사람들은 법이 규제하는 방향에 따라 생활 방식을 바꾸었다.

1973년 「경범죄처벌법」은 장발과 미니스커트 등 개인의 외모와 복장에 대한 규제로까지 확장되었다. 이는 푸코가 말한 것과 같이 국가의 통치 기술이 점차 그 범위를 넓히며, 국민의 신체를 더욱 정교하게 통제하는 방향으로 나아갔음을 알 수 있다. 법적 규제가 강화될수록 사회는 비가시적인 권력망 속에서 국민의 행동과 신체를 감시하고 규제하는 체제로 발전하였다.

지도원제도의 도입: 자기규율의 강화

교정시설에도 일반 사회와 유사한 통제 양식이 존재한다. 학교에서 반장이 선생님 대신 학생들을 통제하고 질서를 유지하는 역할을 하는 것처럼, 교도소에도 이와 유사한 역할을 맡은 '방장' 또는 '지도원'이 존재했다. '지도원제도'는 해방 이후 제1공화국 시기부터 시행되었으며, 1958년부터 '경수警囚'에서 '지도원'으로 명칭이 변경되었다. 지도원은 교도관의 보조 역할을 수행하며, 교도관의 권력을 일부 위임받아 재소자의 행동을 관리하였다.[24]

지도원으로는 모범적인 재소자가 뽑혔다. 지도원에게는 특전이 주어졌는데, 교정시설 내에서 단독 보행이나 자치활동 등을 할 수 있었다. 지도원이라는 존재는 형무관의 일을 재소자에게 이전하는 효과를 발휘

그림 2-5 지도원이 근무하는 모습[25]

하였다. 재소자 관리가 오직 형무관만 담당하는 일이 아니게 된 것이다. 형무관은 지도원에게 가시적인 권력을 일부 이양함으로써 비가시적 권력의 주체가 되었다. 형무관의 권력은 이전에 비해 비가시화되었지만 재소자 개인에게 작동하는 권력은 더 세밀해졌다. 지도원제도는 일반 재소자로 하여금 자기규율을 강화하는 효과를 가져왔다. 즉, 지도원제도는 모범적인 재소자의 상相을 만들어 전체 재소자에게 제시함으로써 재소자가 스스로 규율하는 존재가 되도록 하였다.

그러나 지도원제도는 1985년 11월 21일 폐지되었다. 지도원이 재소자의 규율 위반 행위를 주도하거나 방조하는 등의 문제가 지적되었기 때문이다.[26] 그러나 1급 우량수형자 등의 모범수형자가 직원의 업무를 보조하는 형태는 현재까지도 지속되고 있다.

아는 것이 힘! 형무소 한글교육

해방 이후 형무소에서는 반공이 강조됨과 동시에 한글교육이 이루어졌다. 해방 직후 사회에서 문맹퇴치운동이 활발하게 이루어졌던 영향을 받은 것이다. 당시 한국에서는 '아는 것이 힘'이라는 구호하에 문맹퇴치운동이 전 국민적으로 일어났다. 1946년 6월 19일 《조선일보》는 "배워야 산다"는 말과 함께, 한글을 알고 쓸 수 있는 것이 민주주의사회에서 필수라고 강조했다. 국민으로서 권리를 행사하려면 한글을 읽고 쓸 수 있어야 한다는 것이다.

> 아는것이힘이다 해방된조선 독립이약속된 조선민주주의국가의 국민이될우리는 알어야만한다 우리글을볼줄알고 쓸줄알어야한다 왜적의식민지백성노릇할때도 알어야하겠거던 더구나독립될우리가알지못하고서야되겠는가 우리나라를 대표하야 정치할사람을선거할때도 그일흠을쓸줄몰라서야 어찌국민의권리를 행할 수있겠는가그뿐이랴 글을볼줄알어야우리의문화가향상되고 훌융한국민이 될 것이다 (…) 문명한사회일수록 눈뜬장님이적고 문화가뒤떠러진사회일수록 문맹이만흔것은 이제새삼스럽게말할것도없는일이거니와 『배워야산다 아는것이힘이라』는말은아작도 우리조선에서는놉히부르지저야만할처지에있다[27]

해방 이후 문맹퇴치운동은 한글교육을 제공하는 것이었는데, 당시에는 의무교육이 시행되지 않아 한글교육을 어린이뿐 아니라 성인교육으로도 매우 중요하게 여겼다. 이는 해방 후 우리나라 문교부에 '성인교육국'이 있었다는 것에서 알 수 있다. 성인교육국은 미군정청 학무과 내의 성인교육계에서 시작해 1946년 1월 성인교육과로 승격되었고, 같은 해 2월 문교부가 설치되면서 성인교육국으로 승격되었다. 성인교육국에서는 주로 계몽, 국민 재교육 및 국민정신 고양, 성인교육 지도자 양성 등을 담당하였다. 성인교육은 한국인 다수가 읽고 쓸 줄 몰랐다는 점에서 문해교육을 중심으로 이루어졌다.[28] 1947년 8월 3일 신문기사도 문교부 성인교육국이 한글교육을 "17세 이상 전부" 제공한다고 하였다.

> 문교부성인교육국의 문맹퇴치대방침을보면은 위선十三(십삼)세이상十七(십칠)세미만의 소년 과十八(십팔)세이상의 일반성인에게먼저한글을 깨쳐주고그다음에는공민적자질의향상을 파하게된것인데 해방전三八(삼팔)이남전인구에비추어 七十七(칠십칠)-퍼센트라는 놀라운숫자에올으뎐 문맹자가 작년일년동안에四十二(사십이)-퍼센트로 줄어든것은 과연반가운소식이 안일수없다
>
> 즉, 문교부에서 재작년十二(십이)월에 동부 내에 새로히 성인교육을설치하야 작년三월부터 국고로부터 一(일)천三(삼)백만원을던져 방방곡곡에 일으기까지 활발한 한글계동을 일으키는한편 소년과 성년과 보수과로구성된 공민학교를 설치하야 문맹퇴치공민자질향상운동에 박차를가하였던것이다[29]

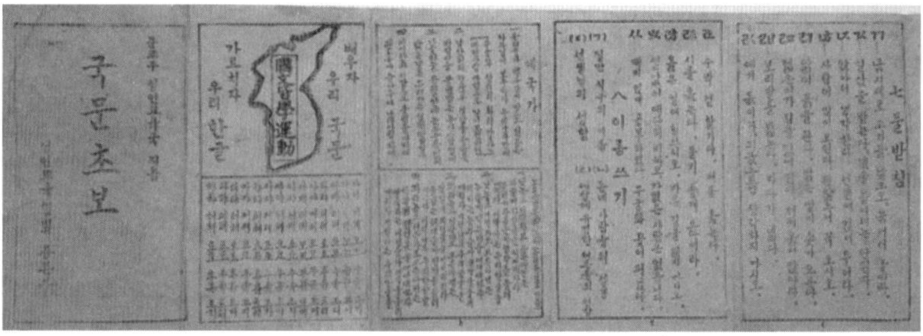

그림 2-6 해방 이후 성인교육으로서 한글교육 교재[30]

해방 이후 문교부 성인교육국에서는 〔그림 2-6〕과 같이 '국문초보'를 발행하여 한글을 모르는 성인에게 배포했다. 1947년 《동아일보》에도 '국문초보'의 첫 장이 담겨 있다. '국문초보'의 제일 첫 장에는 한국의 지도가 그려져 있고 그 안에 "국문개학운동國文皆學運動"이라고 적혀 있다. 지도 그림 주변에는 "배우자 우리 국문. 가르치자 우리 한글"이라고 적혀 있다.

문맹퇴치운동은 형무소에도 영향을 미쳐 재소자를 대상으로 한글교육이 실시되었다. 1947년 마포형무소 수감자는 2,500명 정도였는데, 75%인 1,875명의 문맹자에게 한글교육을 실시하였다.[31] 여자수형자를 대상으로도 한글교육이 제공되었다. 형무소에서 수형자에게 한글교육을 제공한 것이 성과를 거두자 1954년부터는 교육과정을 세분화하여 문맹자반, 성인교육반, 초등공민반, 고등공민반으로 구분하여 운영하였다.[32] 1957년 한 신문에서는 형무소의 수용자 6천여 명 중 4천 명이 한글을 해득했다고 하였다.

> 낫 놓고 기역자도 모르던 영어(囹圄) 생활의 문맹자가수형기간동안 한글해득은물론 가족과 서신왕래까지 하게 되어가고 있다 한다 즉전국 각 형무소에서는 매년四(사)학기로 나누어재소자들의 문맹퇴치교육을실시하고 있는데 법무부집계에의한 지난四二八六년(사이팔육)년부터 금년七(칠)월말까지 五(오)년동안에 문맹자 六(육)천八(팔)백九(칠)十(십)二(이)명 중에서 三(삼)천九(구)백七(칠)十(십)三(삼)명을 퇴치하였다한다[33]

그림 2-7 1950년대 중반 안동교도소의 한글교육[34]

〔그림 2-7〕은 형무소에서 문맹자 퇴치를 위해 한글교육을 실시하던 사진이다. 칠판 위에는 태극기가 걸려 있고, 칠판에는 "세종대왕의 업적"에 관하여 쓰여 있다. 칠판 오른쪽에는 "충"이라는 글자와 밑에 시 한 구절이 적혀 있다. 오른쪽 벽면에는 시간표와 세계지도가 걸려 있어, 당시 교도소 내 교육장의 풍경을 짐작할 수 있다.[35]

＊＊＊

전향의 시대는 해방 이후 미군정기의 시작과 대한민국정부의 수립 그리고 한국전쟁이라는 격변 속에서 혼란을 겪었던 시대다. 이 시기의 형무소는 재소자의 신체와 사고, 감정, 식량까지도 세밀하게 관리했다. 교정교육은 형식적으로는 민주주의적 가치와 이상을 내세웠지만, 실질적으로는 반공주의사상에서 전향하도록 통제하는 내용으로 이루어졌다. 문맹퇴치운동의 영향으로 수감자 한글교육이 실시되기도 하였다.

다음 장에서는 1960년대 이후 박정희 정권하에 형성된 정치·사회적 질서 속에서 교도소와 교정교육이 어떻게 변화했는지를 다룰 것이다.

제3장

개조의 시대

—

군사정권기

1962~1979년

1960년대 이후 박정희 정부는 국민의 일상을 새로운 방식으로 통제해 나갔다. 이 시기 '명랑明朗'이라는 언표는 국민개조를 위한 국가의 전략이자, 국민을 통치 가능한 존재로 길들이는 강력한 수단이었다. 명랑한 국민은 근면하고 성실하며 협동심을 지닌 자를 의미했고, 이는 곧 국가가 원하는 이상적 인간형이었다. 반대로 비명랑한 존재는 게으르거나 비판적이거나 좌익사상을 지닌 위험한 자로 규정되었다.

1968년 〈국민교육헌장〉 발표는 이러한 국민개조 프로젝트의 정점이었다. 헌장은 자주, 자조, 협동을 강조하며 반공 이데올로기를 국가 윤리로 전환시켰다. 교도소에서도 재소자에게 반공정신, 공동생활, 근면을 강조하였다. 이 시기의 교도소는 재소자를 '명랑한 재소자'로 개조하고 반공국가에 적합한 국민으로 만드는 중요한 장이었다.

사회에서는 '1인 1기技'가 강조되었는데, 이러한 영향으로 교도소에서도 기술교육이 강화되었다. 그러나 수용자의 쓸 수 있는 권리와 읽을 수 있는 권리는 철저하게 통제되었다.

1961년 「행형법」이 개정되면서 형무소는 '교도소'로 명칭이 변경되었다. 이는 응보행형에서 교육행형으로의 이행을 상징하는 전환점이었다. 재소자를 교정하여 사회로 복귀시키는 것이 새로운 목표로 제시되었다. 그러나 이러한 변화는 이상과 현실 사이의 괴리를 동반했다. 교육행형은 법과 제도 속에서 강조되었지만, 교도소의 일상에서는 여전히 신체적 통제와 처벌 중심의 관리가 이어졌다.

'명랑사회'의 구축

1962년부터 1979년까지 한국정부는 경제개발 5개년 계획을 추진하며 경제성장을 도모하였다. 이를 위해 정부는 '명랑사회'를 구축하고 국민을 개조하고자 하였다. '명랑'이라는 개념은 1960년대 박정희 정권에서 국민을 통제 가능한 주체로 만들기 위해 전략적으로 활용하였다. 박정희 정부는 명랑한 국민을 만드는 것을 국가 과업의 핵심으로 삼고, 근면, 성실, 협동의 가치를 강조하며 명랑 국민을 만들고자 하였다. 이를 통해 국민의 저항과 비판의식을 마비시키고자 했다는 평가도 있다.[1]

사회에서는 다양한 프로그램과 캠페인을 통해 '명랑'이라는 분위기를 확산시키고자 했다. TV 프로그램인 〈명랑운동회〉는 국민들에게 큰 인기를 끌었으며, 사회 전반에서 이러한 명랑화를 촉진시키려는 국가의 미세한 통치가 국민의 일상에 깊숙이 침투하였다. 또한 당시 정부는 개조된 인간으로서 '명랑'한 국민을 만들기 위해 모범국민을 양성하고자 하였다. 모범국민을 선정하고 이들에게 상을 주는 것은 일반인에게 정부의 가시적 권력을 행하지 않아도 권력의 효과가 발휘될 수 있기 때문이다.

명랑이라는 언표는 범죄자에 대한 시각에도 영향을 미쳤다. 선善한 자는 명랑한 자였고, 악惡으로 여겨지는 자는 공산주의사상 또는 정부에 반하는 태도를 지녔거나 게으른 자였다. 이러한 당대의 분위기에서 예술가나 학생과 노동자들은 '룸펜'으로 불리며 통제되었다. 룸펜은 룸펜프롤레타리아트Lumpenproletariat의 준말로, 마르크스는 룸펜을 생계수단이 모호하고 불확실한 대중이라고 설명하였다. 한국에서는 가난한 지식인 집단을 룸펜이라 불렀는데, 일제강점기에는 부랑하는 지식인 계급을 일컬었고,[2] 해방 후에는 국가에 저항하는 자들을 뜻했다. 1980년대에는 5월항쟁 등에 참여한 대학생들을 부르는 말이었다.[3] 룸펜과 유사하게 '잉여인간'도 악惡으로 여겨졌다. 잉여인간이라는 말은 손창섭의 소설에서 1958년에 처음 등장한 용어로, 삶의 의지를 잃어버린 채 직업이 없이 배회하던 우울한 군상들을 표상한다.[4] 근면과 성실이 이 시대의 중요한 가치로 여겨졌던 만큼 직업이 없고 게으른 자, 국가에 저항하는 자는 배척당하였다.

〈국민교육헌장〉의 발표와 명랑한 재소자로의 개조

1968년 박정희 정부는 국민개조정책을 본격적으로 강화하기 위해 〈국민교육헌장〉을 발표하였다. 이 헌장은 초·중·고등학교 교과서에 실릴 만큼 중요한 역할을 했다. 〈국민교육헌장〉의 주요 내용은 반공사상으로, 국민이 정권에 순응하고 공산주의사상을 가지지 못하도록 국민의 사상을 통제하고자 하는 목적이 강했다.[5]

〈국민교육헌장〉은 자주독립, 협동정신, 그리고 반공 민주정신을 강조한다. 〈국민교육헌장〉이 발표된 이후 '근면', '자조', '협동'이라는 담론은 국가정책의 주요 이념으로 자리 잡았으며, 명랑과 결합하여 한국사회 전반에 퍼져 나갔다. 당시 근면함은 단순히 노동 윤리로서의 강조에 그치지 않고, 국가가 국민의 일상을 통제하고 개조하는 중요한 기제로 작용했다.

교도소에서도 이러한 사회적 분위기에 따라 수용자를 근면하고 성실한 노동자로 개조시키고자 하였다. 특히 반공사상과 협동정신은 수용자 교화의 중요한 기준으로 작용하며, 재소자를 개조하기 위한 국가의 의도를 명확히 드러내었다.

나태하고 태만한 것이 악惡으로 여겨지는 분위기 속에서 교도소는 재소자에게 명랑함, 부지런함, 협동, 자립 등을 강조하였다. 당시 목포교도소에서 재소자의 명랑한 생활을 위해 〈교도생의 노래〉를 만들어 함께 부르도록 한 것에서도 이를 알 수 있다.

〈교도생의 노래〉[6]

아침해 밝은 비에 내 마음 씻고
지난날의 과오 뉘우치며
손에 손에 망치들고 어깨에 힘주니
희망찬 건설의 메아리친다
나를 용서한다고 말해준데
우리는 교도생 참된 교도생

이러한 노래와 더불어 교도소 거실에는 〈우리의 신조〉라는 규범을 걸어 반공정신과 공동생활의 가치를 내면화하도록 하였다.

〈우리의 신조〉(1962. 9. 20.)[7]

우리는 지난날을 반성하고 끊임없이 수양하여 착한 마음으로 올바르게 행동한다.

우리는 명랑하고 위생적인 환경을 이룩하여 심신을 단련한다.

우리는 굳은 의지와 신념으로 앞날의 재생을 기약한다.

우리는 자립정신과 협동심을 배양하여 공동생활에 알맞은 인격을 갖춘다.

우리는 우리의 수양도장인 교도소의 규칙을 잘 지켜 성실한 국민이 된다.

우리는 반공정신으로 무장하여 민주 대한의 역군이 된다.

〈우리의 신조〉 마지막 구절에서 볼 수 있듯이, 반공정신은 교도소에서도 강조되었다. 정부는 5·16 군사쿠데타 이후 반공정신을 사회에 깊게 뿌리내리기 위해 '혁명 공약'을 제시하고, 재건국민운동을 시행하였다. '혁명 공약'은 반공을 국시로 하였고, 재건국민운동은 공산주의사상을 배격하고 근로정신을 함양하는 것 등을 목적으로 한 범국민운동이다. 이는 교도소에서도 시행되었는데, 1960년대 발행된 《새길》의 가장 뒷장에는 '혁명 공약'[8]과 함께 '재건국민운동 실천요강'[9]이 적혀 있다.

반공정신 함양을 강조한 것은 수형자 분류 기준에도 나타난다. 당시 수형자를 크게 A, B, C로 구분하여 개선 가능, 개선 곤란, 개선 불가능으로 나눴다. 이 중 우발범 등은 A급, 관습범 등은 B급, 좌익 미전향자는 C급에 속하였다. 반공정신을 가진 명랑한 재소자로 변화시키기 위해 교도소에서는 각종 교육을 제공하였다.

교도소로 명칭 변경과 교정행정의 전환

1961년 12월 23일, 한국의 교도소는 역사적으로 중요한 변화를 맞이한다. 바로 「행형법」의 전면개정을 통해 형무소의 명칭을 교도소로 변경한 것이다. 이 변화는 단순한 명칭 변경에 그치지 않고, 일제강점기 응보주의에서 벗어나 교육을 통해 재소자를 교정하려는 새로운 행형이념을 상징하였다.

구법령인 조선총독부감옥관제를 폐지하고, 그에 대체되는 규정을 행형법에 두게 하며, 현행 형무소의 명칭은 응보형주의의 유물이므로 이를 현행법의 교도주의이념에 맞추어 교도소로 변경하여 명실상부한 민주행형을 기하며 (…)[10]

기존의 '형무소'는 형벌을 집행하는 기관을 의미했다. 그러나 '교도소矯導所'는 바로잡아 이끄는 곳으로, 수용자의 교정교화를 목표로 하는 장소로 전환되었다. 명칭 변경을 통해 교도소는 범죄자를 올바르게 변화시키는 것을 핵심 목표로 한다는 것을 명시적으로 밝혔다.

교도소로 명칭이 바뀌며 감옥은 범죄자에게 더 이상 형을 집행하는 곳이 아니라 교정교화의 기회를 제공하는 곳이 되었다. 이는 응보행형에서 교육행형으로의 전환을 말한다.

교육행형은 민주적인 것으로서 과거 일제강점기에 실시되었던 신체형 처벌과는 전혀 다른 철학이라는 점이 강조되었다. 교육행형이 추구되며 수용자 관리 양상도 이전과는 다르게 나타났다. 응보행형을 추구했을 때는 수용자에게 물리적·신체적 학대를 가하는 것이 관리의 주된 방식이었지만 교육행형은 수용자 스스로가 관리의 주체가 되게끔 한다.

다시 말하면, 교육행형에서는 수용자가 스스로를 규율하는 자치 계호가 중요한 관리 방식으로 여겨졌다. 이는 이전에 형무관이 수감자에게 신체적·물리적 계호를 하던 방식과는 전혀 다른 방식의 계호다. 당시 《교정》에서는 계호를 물적 계호, 인적 계호, 자치 계호 3가지로 나눠 설명하였다. 이전까지 형무소에서의 계호는 물적 계호와 인적 계호가 중심이었다면 교도소에서는 자치 계호를 추구한다는 것이다.

> 교육형의 목적이 수형자의 인격의 도야에 있고 감화교육하여 합법적 사회생활로 순치하는 데 있다고 할 때 계호방법도 종래와 달리 근본적으로 수정 되어야 할 것이다. 종래의 계호가 물적계호(物的戒護). 인적계호(人的戒護)에 중점을 두고 실시되어 온 것 만은 부정할 수 없는 사실인데 종래의 물적계호는 물론 말할 것도 없고 인적계호에 의한 방법 역시 자칫 잘못하면 수형자의 규률 위반을 예정하고 모든 계호를 가하고자 하는 고로 수형자로 하여금 위선을 조장케 하고 아첨하게 하고 비굴한 인간으로 만들게 되어 교육목적을 저해하는 예가 있고 그뿐 아니라 사고발생을 극도로 우려한 나머지 취업, 운동, 훈련, 교화 등에 있어서나 일상수형생활에 필요한 모든 행사를 실시하지 않으며 또는 실시 하더라도 극도로 제한 내지 단축하고 형식적으로만 방비코자 한다 (…) 계호방법은 이를 발전면으로 볼 때 물적 계호로부터 인적 계호로 또한 현금 자치계호까지 옮겨가고 있는데 이것은 형벌의 응보적 집행방법으로부터 교육적집행방법으로 이행하는 구체화의 증좌라 할 수 있다.[11]

위의 글에서 볼 수 있듯이 자치 계호는 교도소가 추구하는 교육행형의 목적에 부합하는 수용자 관리 방식이다. 그러나 교육행형과 자치 계호의 실천은 쉽지 않았다. 1971년 《교정》에서는 교정교육에 대하여 논하며 "수형자의 범죄성을 교정한다는 특수한 성격을 띄고 있기 때문에 말로는 쉬우나 실제면에서 있어서는 그렇게 용이한 일이 아닌 것"이라고 하였다. 교도소의 목적인 수용자의 변화를 위해서 교육이 핵심 장치이지만 이를 당장 실천하기에는 어려움이 많았던 것을 알 수 있다.

> 형벌에서 위하(威嚇) 작용을 제거한다면 거기에 남아있게 되는 형벌의 본질은 범죄에 대한 개선작용에 귀착된다. 그러나 수형자의 교정교육은 학교교육이나 일반기술교육과는 달리 수형자의 범죄성을 교정한다는 특수한 성격을 띄고 있기 때문에 말로는 하기 쉬우나 실제면에 있어서는 그렇게 용이한 일이 아닌 것이다.
>
> 뿐만 아니라 수형자는 그 생리적 상태 또는 심리적 상태에 있어서 절대로 동일하지 않다.[12]

그러나 교도소로 명칭이 변경된 후에도 신체형 처벌 방식은 여전히 지속되었다. 1980년대 교도소에서 이루어진 정신교육이 신체훈련을 중심으로 진행되었던 점은 교육행형으로 완전히 전환되지 못했음을 보여준다.

질서 유지냐 재사회화를 위한 교육 제공이냐

1961년 형무소가 교도소로 명칭이 변경된 것과 함께 「수형자교육규정」[13]이 제정되었다. 교도소가 교육행형을 명시적으로 추구함에 따라 수용자에게 교육을 제공하기 위한 법적 근거를 마련한 것이다. 제2조 교육과정에 대한 사항에는 "수형자에 대한 교육을 위하여 교도소 및 지소에 공민과, 교양과를, 소년교도소에 공민과, 초등과, 중등과 및 고등과를 둔다"고 명시하였다.

공민과는 문맹자와 초등학교(당시 국민학교) 3학년 이하의 과정을 마친 자, 교양과는 초등학교 4학년 이상의 과정을 마친 성인 수형자를 대상으로 하였다. 초등과는 초등학교 4학년 이상의 과정을 이수한 미성년 수형자, 중등과는 초등학교 졸업 이상인 미성년 수형자, 고등과는 중학교 졸업 이상의 미성년 수형자가 그 대상이었다.

그러나 1961년 수형자에게 교육을 제공할 법적 근거가 마련되었음에도 불구하고, 교도소에는 교정교화를 위한 정책이나 제도가 자리 잡지 못하였다. 교도소는 기본적으로 수용자를 감금하여 관리하는 기능을 하는데, 교도소로 명칭이 변경된 후 수용자의 교정교화를 추구한다는 목적하에 교육을 제공해야 하는 기능과의 갈등이 시작된 것이다.

1965년 5월 《교정》에는 교육행형의 의미에 대해 다룬 〈형벌의 교육적 효과에 대한 비판〉[14]이라는 글이 실렸다. 형벌의 목적인 응보행형과 교육행형의 논쟁에 대한 내용으로, 글의 결론은 안전한 사회를 위해 "해악 고통에 시종되지 말고 적극적 교육"이 중요하다는 것이었다.

> 教育刑論(교육형론)이 主張(주장)하는 바는 刑(형)을 다만 應報的(응보적)인 害惡(해악)으로 보지않고 受刑者(수형자)를 教育(교육)하는 方法(방법)으로 理解(이해)하려는 것이다. 卽(즉) 刑罰(형벌)의 目的(목적)을 社會防衛(사회방위)에 두고 그 內容(내용)을 犯人(범인)의 社會的改善(사회적개선)이라 把握(파악)한다.
>
> 刑罰(형벌)로서 社會(사회)를 防衛(방위)하려면 犯人(범인)을 教育(교육)시켜 다시 善良(선량)한 市民(시민)으로 復歸(복귀)시키는데 있으니 그 內容(내용)은 教育(교육) 矯正(교정)이라는 것이다. 一般的(일반적)으로 犯人(범인)은 犯罪(범죄)로 因(인)하여 反社會的(반사회적) 性格(성격)을 徵表(징표)한 것이니 犯罪(범죄)에 對(대)한 刑罰(형벌)의 任務(임무)도 犯人(범인)을 다시금 社會(사회)에 順應(순응)할 수 있는 人間(인간)다웁게 社會化(사회화)시키는 教育(교육)을 하는 것이라고 보는 것이다. 따라서 刑罰(형벌)은 害惡(해악) 苦痛(고통)에 始終(시종)되지 말고 積極的(적극적) 教育(교육)이어야 한다는 것이다.

형무소에서 교도소로의 전환은 단순한 명칭의 변화가 아니라, 응보행형에서 교육행형으로의 철학적 전환을 뜻한다. 교도소는 수용자를 단순히 처벌하는 곳에서 벗어나, 교육을 통해 그들이 사회로 다시 복귀할 수 있는 기회를 제공하는 장소로 변화하였다.

그러나 이 과정에서 딜레마가 발생하였다. 교도소의 두 가지 주요 기능인 질서 유지와 교육 제공이 서로 충돌하기 때문이다. 응보행형은 교도소에서 질서 유지를 위한 처벌을 강조했지만, 교육행형은 수형자의 재사회화를 중시하며 교육의 필요성을 강조한다. 오늘날에도 교도소는 이러한 딜레마 속에서 운영되고 있으며, 교육과 질서 유지를 동시에 충족시키기 위한 노력을 지속하고 있다.

교도소 규칙 규정

이 시기 교도소에는 각종 규칙이 마련된다. 대표적으로 1971년에 「재소자 규율 및 징벌에 관한 규정」[15]이 제정되었다. 이는 재소자가 교정시설에서 준수해야 할 규율과, 위반 시 징벌에 관한 내용을 담고 있다. 예컨대 재소자 간에 싸움이나 폭행을 하면 안 되고, 실내에서는 정숙해야 하며, 타인에게 해를 끼쳐서는 안 된다는 내용이다. 작업을 태만히 해서는 안 된다며 당대 사회에서 강조하던 근면정신을 반영한 내용도 있다. 교도관의 허가 없이 도서를 보는 것이 제한된 점에서 수용자의 학습권을 통제하였던 모습도 볼 수 있다.

「재소자 규율 및 징벌에 관한 규정」

1. 재소자 상호간에 싸움을 하거나 싸움을 하게 하여서는 아니된다.
2. 새로이 구금된 자에 대하여 희롱을 하거나 폭행을 하여서는 아니된다.
3. 정당한 이유없이 지정한 장소를 임의로 이탈하여서는 아니된다.
4. 타인과 밀회하거나 밀담하여서는 아니된다.

(…)

10. 정당한 이유없이 작업을 거부하거나 태만히 하여서는 아니된다.

(…)

25. 허가없이 도서를 입수하거나 이를 열독하여서는 아니된다.
26. 취침시간에 독서를 하여 타인의 안면을 방해하여서는 아니된다.
27. 교도관의 업무를 보조하는 자는 타인에게 금품을 요구하거나 가혹한 행위를 하여서는 아니된다.
28. 전 각호 이외에 교도소 등의 내부 질서유지를 위하여 고시된 사항에 위반하는 행위를 하여서는 아니된다.

유신체제의 성립과 부조리 단속

1970년대 유신체제의 등장과 함께 정부는 한국사회 전반의 부조리를 없애겠다고 선언하였다. 1972년 박정희 대통령은 유신이란 "잘못된 것,

낡은 것, 부조리한 것들은 과감하게 없애버리고, 과거의 여러 가지 비능률적이고 비생산적인 것은 우리가 과감하게 추방"하는 것이라고 하며, 사회 곳곳에서 단속을 강화하였다. 이는 교정시설의 운영에도 크게 반영되었다.

이에 따라 법무부는 1975년 10월 전국 교정시설의 부조리를 뿌리 뽑기 위해 '암행특별감사반'을 조직했다. 감사반은 수감자의 면회, 사식 제공, 서신 연락, 예산의 변칙 지출 등을 중점적으로 조사했다. 그 결과 수감자와의 부조리가 적발된 공무원에게는 파면과 감봉 등의 처분이 내려졌다. 이러한 대대적인 단속 이후 6개월 사이에 수감자가 약 6천 명이나 증가하여, 교도소와 구치소는 포화 상태가 되었다.[16]

부조리를 근절하겠다는 정부의 방침은 교도소 내부에도 영향을 미쳤다. 1974년 《동아일보》에는 10월 24일부터 10월 26일까지 사흘에 거쳐 〈鐵窓철창 속의 別天地별천지〉가 실렸다. 이 코너에서는 교도소의 부조리를 고발하는 내용을 다루었다.

왼쪽 그림은 '비둘기 날리기'를 표현한 그림이다. '비둘기 날리기'는 공식 절차를 따르지 않고 은밀하게 교도소 외부의 사람과 서신 연락을 하는 것을 표현하는 은어다. '담당'(담당 교도관을 부르는 말)에게 "편지 좀 쓰자"고 하면 "비둘기냐, 공식이냐"고 묻는 교도관도 있었다고 한다. 그러면서 기사에서는 비둘기를 한 번 날리는 데 당시 돈으로 최소 5천 원에서 최고 1만 원 이상 받는 교도관이 있다고 하였다. 이는 현재 10만 원~20만 원 정도에 해당하는 금액이다.

그림 3-1 〈철창 속의 별천지〉[17]

가운데 그림은 교도소에서 '강아지'라고 불리는 담배가 금전으로 거래되는 실상을 고발한 그림이다. 돈만 있으면 옥살이 자체를 흥정할 수도 있다고 하였다. '가다밥'을 규정보다 작게 만들어 남긴 밥을 모아 한 덩이씩 파는 경우도 있었다고 한다.

한편 오른쪽 그림은 교도관의 열악한 환경을 표현한 그림이다. 신문에서는 "일선 교도관들의 최소한의 처우마저 보장하지 못하고 있다"며 교도행정을 개선해야 한다고 말하였다. 당시 교도소는 수용자뿐만 아니라 교도관에 대한 처우도 매우 열악했다는 것을 알 수 있다.

분류처우 도입과 모범교도소 운영

1960년대부터 1970년대 수용자 관리에서 중요한 변화는 분류처우 방안이 마련되었다는 점이다. 분류처우는 재소자 사이에 범죄가 전수되는 문제가 대두되면서 중요성이 강조되었다. 이전에도 분류처우에 관한 규정이 있었지만, 체계적이고 구체적인 방안이 마련되어 있지 않았다.[18] 그러나 교도소에서는 수형자의 개성과 능력, 범죄 원인 등을 과학적으로 진단하고 분류하여 개별 처우할 필요성이 지속적으로 제기되었다.

이러한 배경에서 1964년 7월 14일 「수형자분류처우방안」이 마련되었고, 행장심사와 분류처우를 일원화한 「교정누진처우규정」[19]이 제정·시행되었다. 누진처우제는 수용자의 개선 정도에 따라 교정처우를 완화하여 교화와 개선을 유도하려는 것으로, 수형자를 4단계로 구분하였다. 상위 단계로 올라가면 교육, 작업 등의 처우를 점진적으로 완화하는 식으로 구성되어 있다.

수형자 분류처우의 토대는 1962년 7월 27일 「모범교도소 운영 방안」에서 찾아볼 수 있다. 모범교도소에는 '집금대상자'에 속하는 자들이 수감되었다. 집금대상자는 형기에 따라 "보호관계가 양호하며 도주 및 재범의 우려가 없고 개선의 정이 있다고 인정되는 자"로서 폭력범이나 밀수범, 마약범 등은 제외되었다.[20]

당시 모범교도소 수용자를 집금대상자라고 표현한 것은 집단적으로 감금되어도 괜찮은 존재라는, 현재의 '모범수용자'를 의미했던 것으로 보인다. 모범교도소는 집금대상자를 훈련반, 선행반, 재건반, 반성훈련반의 4개 반으로 분류하여 관리하였다(〔표 3-1〕).

표 3-1 모범교도소 집금대상자 처우반 편성 내용[21]

구분	내용
훈련반	- 전국에서 집금 후 훈련반에 편입 - 1개월 동안 교육훈련 실시
선행반	- 교육훈련에서 소정의 교육을 이수한 자 - 재건반에서 강등된 자 - 1개월 이상의 기간이 경과해야만 승급 가능
재건반	- 사회복귀를 준비하는 최상위 단계의 반 - 선행반의 수형자와 기능수형자가 누진계급 1급 승급 시 편입 가능 - 과실범 수형자가 2급으로 승급 시 편입 - 재건반 수용사동은 쇠창살이 없고 거실문을 잠그지 않은 개방 시설
반성훈련반	- 수형자가 규율에 위배되는 행위를 했거나 이로 인해 징벌처분을 받고 집행을 종료했을 경우 - 일정한 기간 동안 반성훈련반에 편입시키고 훈련반에 준하는 교육훈련 실시

1978년에는 「수형자분류심사지침」이 마련되었다. 이전까지 분류지침이 초보적인 단계에 머물렀다면 「수형자분류심사지침」이 마련된 이후로는 분류를 위해 각종 검사가 도입되었다. 예를 들어 지능검사, 직업적성검사GATB, 성격진단검사, 다면적인성검사MMPI, 로르샤흐Rorschach성격검사, 주제통각검사TAT, 기타 특수검사 등을 통해 수형자를 체계적이고 세밀하게 분류하였다.

분류처우의 체계화는 교정시설 내 감시와 관리 방식의 변화를 의미한다. 새로운 감시 기술은 주체와 주체가 만나지 않고 비대면 감시를 가능하게 한다.[22] 이러한 감시 기술은 단순히 현재의 문제를 해결하기보다, 미래에 발생할 수 있는 범죄를 예방하는 데 중점을 두고 있다.

심리검사와 같은 새로운 관리 방식은 현재도 교정시설 내에서 범죄를 예방하고 수형자의 재사회화를 촉진하는 중요한 도구로 활용되고 있다. 이러한 변화는 수형자의 개선과 사회복귀 가능성을 높이는 데 기여할 것이다.

김대두 사건과 재소자 사이의 범죄 학습

분류처우의 중요성은 1975년 김대두 사건으로 부각된다. 교도소에서 범죄를 배워 재범을 저지른다는 이야기가 사회에 퍼졌고, 1970년대에는 범죄가 감염되듯 전파되어 재범으로 이어지는 사례가 자주 보도되었다.[23] 그중에서도 김대두 사건은 교도소에 대한 대중의 부정적 인식을 심화시켰다.

김대두는 처음에 단순폭력배로 교도소에 수감되었는데, 출소 후 1975년에 다시 두 차례 범죄를 저질렀다. 결국에는 살인까지 저질러 교도소에 다시 들어가게 되었다. 교도소에서 교육을 통해 긍정적으로 변화하기는커녕 "교도소 안에서 망치와 칼 쓰는 법을 배웠다"며 재소자 사이의 범죄 전수에 대해 사회에 널리 알린 사건이었다.

> 교도소를 나온지 4개월 만에 범행을 저질렀던 김(金)은 경찰에 붙잡힌 후 "교도소 안에서 망치와 칼 쓰는 법을 배웠다"고도 했고 "나를 전과자로 만든 술집 주인에게 복수할 마음만 더해갔다"고도 했다. 결국 김(金)은

> 교도소에서 실시하는 정신교육에 교화되기보다는 각종 범죄자들 틈에서 더욱 잔인하고 포악한 성격이 되어 나온 것이다 (…) 폭력과 돈 속임수로 얼마든지 편해질 수 있다는 비리 속에서 재소자들은 나쁜 것을 더 많이 보고 배우게 된다.[24]

이 사건 이후 범죄가 학습된다는 문제가 지적되었고, 이에 따라 교정시설에서 중범죄자와 경범죄자를 분리해 수용하는 방식의 중요성이 부각되었다. 교도소에서 범죄를 "배웠다"거나 "학습했다"[25]는 표현은 주목할 만하다. 보통 '학습'은 인간이 긍정적인 방향으로 성장하는 일로 이해된다. 범죄와 같은 부정적인 행위도 학습이라는 단어로 표현할 수 있을지는 깊은 고민이 필요하다.

김대두 사건을 계기로 대두된 '범죄의 학습'은 학습을 단순히 기술과 정보의 모방으로만 보는 협소한 이해이며, 인간의 성장과 도야라는 교육적 전제와 이념을 간과하였다. 이러한 인식은 교도소를 부정적 학습의 공간, 즉 '범죄학교' 혹은 '범죄대학'으로 규정하게 만들었다. 이는 교도소에서 교육의 가능성을 차단하는 결과로 이어졌다. 분류처우는 이러한 부정적 학습을 통제하려는 시도로 기능했지만, 교도소에서 이루어질 수 있는 긍정적이고 대안적인 학습 가능성을 축소시키기도 하였다. 교도소는 단순히 지식이나 훈련을 제공하는 장소에서 인간됨을 회복하고 인간 내면의 의미를 재구성할 수 있는 존재론적 학습 공간으로 재구성될 필요가 있다.

재소자 학력보완교육과 새마을교육 및 정서교육

이 시기에 교정교육으로 학력보완교육과 새마을교육, 정서교육 등이 이루어졌다. 학력보완교육은 1970년대 대구교도소에서 그 모습을 찾을 수 있다. 교육은 공민과와 교양과로 구분하여 이루여졌고, 교육내용은 국어, 산수(오늘날의 수학), 공민, 국사 등이었다. 공민과는 한글을 완전하게 해득하는 수준을 목표로 두었고, 문맹자나 초등학교(당시 국민학교) 3년 이하 과정을 이수한 자를 대상으로 하였다. 교양과는 초등학교 졸업 정도의 수준을 목표로, 초등학교 4년 이상의 과정을 이수한 자를 대상으로 하였다.

표 3-2 1971년 대구교도소 성인교육과정[26]

과	수업시간	정도	자격 기준
공민과	1년	한글 완전해득 정도	문맹자나 국민교 3년 이하 과정을 이수한 자
교양과	1년	국민교 졸업 정도	국민교 4년 이상 과정을 이수한 자

1970년대 정부는 대대적으로 새마을운동을 실시하였다. 새마을운동은 '잘살기운동'으로도 불리며, 국민에게 근면과 성실을 강조하는 대국민운동이었다. 박정희 대통령은 새마을운동의 핵심 가치로 근면, 자조, 협동을 제시하며, 이를 통해 농촌의 근대화와 국가 발전을 도모하고자 하였다.

새마을운동의 영향은 교정시설에도 미쳤다. 1979년 2월 14일, 법무부는 「재소자 새마을정신교육지침」을 제정하였다. 이 지침에 따라 교도소에서는 재소자에게 새마을정신교육을 실시하였다. 교육의 목적은 재소자에게 근면, 자조, 협동정신을 배양하여 그들이 사회로 복귀한 후에도 건전한 시민으로서 생활할 수 있도록 돕는 것이었다.

> 1970년 4월부터 시작되어 국민의 생활 속에 깊이 뿌리를 내려 선진조국창조(先進祖國創造)의 밑거름이 되고 있는 새마을정신교육을 재소자의 교정교육에 도입, 실시하여 근면, 자조, 협동의 새마을정신을 배양하고 건전한 국민의식계도(國民意識啓導)와 준법정신을 함양함으로써 수용생활의 분위기를 순화하고, 작업 능력의 향상을 가져오는 등 괄목할 만한 성과를 올리고 있다.[27]

교도소에서 실시된 새마을정신교육은 주로 방송을 통한 교육과 분임토의로 이루어졌다. 교육대상은 모든 재소자였다. 교육은 1주일간 43시간의 합숙교육으로 진행되었다. 재소자들은 새마을운동의 성공 사례를 시청하고, 대통령의 연설을 통해 새마을정신을 익혀야 했다. 교육의 마지막 단계에서는 새마을운동이 성공한 마을을 직접 방문하여 교육효과를 극대화하려 하였다.[28]

그러나 새마을정신교육이 항상 순조롭게 진행된 것은 아니었다. 1970년대 후반 제주교도소 재소자들이 새마을정신교육이 고강도로 이루어지는 것에 반발하여 폭동을 일으켰다. 폭동에 참여한 재소자는 물리적으로 저항하였으며, 교도소 측은 최루탄과 물대포를 사용하여 이를 진압하였다.[29] 이 사건은 교도소에서 재소자를 통제하기 위해 물리적 억압을 동원하는 방식이 사용되었음을 보여주는 사례이다.

> (정신)교육 중에 재소자 폭동이 발생했다. 전과 6범이 모의하여 강도 높은 교육에 반발하고 나선 것이었다. 재소자들은 칼을 휴대하고 대항했다. 교실 문 앞에 책상과 의자 등을 쌓아놓고 항거했다. 이에 교도소 측은 단계적으로 호스로 물대포와 최루탄을 발사하고 기동타격대를 출동시켜 전원 수갑을 채우고 포승을 묶어 체포하고 사건을 해결했다.[30]

교도소에서는 정서교육도 실시하였다. 정서교육은 주 1회 영화 상영, 운동회, 오락회 등으로 이루어졌고, 시와 그림을 그리는 등 작품활동도 포함되어 있었다. 정서교육은 심성心性 교육이라고도 불렸다. 문예를 하는 것을 일컬은 심성교육으로는 서예나 묵화, 조화 등을 하거나 합창단, 연주회를 하였다.[31] 예술작품활동은 작품 전시회로 이어졌다. 1970년 10월에는 전국 교도소와 소년원에서 출품한 작품 전시회를 서울 덕수궁 안 화랑에서 개최하였다.[32]

이러한 정서교육은 표면적으로는 수용자의 정서를 함양하는 명시적 목적이 있었지만, 실상은 당시 새마을운동과 국민교육헌장 등이 시행되었던 것과 같이 인간개조라는 목적을 취하고 있었다. 정서교육의 일환으로 아침 조례를 했던 것에서 이를 알 수 있다.[33] 아침 조례는 아침에

그림 3-2 1972년 안동교도소 재소자 정서교육 조례 행사[34]

15분간 국기게양을 시작으로 애국가 제창, 국민교육헌장 암송, 재소자 준수 사항, 새마을 노래, 건전가요 합창 등이 이루어졌다.

근로정신의 함양과 1인 1기 교육

1960년대와 1970년대는 대한민국 전역에서 '1인 1기' 교육이 강조되었다. 1973년 10월 4일, 박정희 대통령은 국회 연설에서 군의 정예화와 과학화를 위해 장병 1인 1기 교육을 강화할 필요성을 언급하였다. 1인 1기란 한 사람이 하나의 기술을 습득하는 것을 의미한다. 이는 기술교육을 통해 노동력을 양성하고자 하는 국가적 전략의 일환이었다.

대통령 연설에서 "기능 자격제도를 개선하고, 기능장제도를 창설하여 국민 모두가 하나의 기술을 익히도록 하겠다"는 발언은, 1인 1기 교육이 국가 경제발전과 국제 경쟁력 강화를 위한 핵심 전략임을 시사한다. 당시 정부는 이를 통해 국민의 기술 수준을 높이고, 중화학 공업 발전을 기술적으로 뒷받침할 계획을 세웠다.

1인 1기 교육은 일반 학교와 사회로 확대되었다. 문교부는 1973년부터 중학교와 고등학교에서 1인 1기 교육을 본격적으로 시행하겠다고 발표하였다. 학교에서는 학생들이 졸업 후 사회에서 직업을 갖는 데 필요한 기술을 익히는 것이 교육의 중심이 되었다. 이러한 정책은 단순히 기술 습득을 넘어 국가 경제성장과 인재 양성이라는 목표를 가지고 있었다.

1인 1기 교육은 교도소에서도 이루어졌다. 1970년대 교도소 내 기술 교육과 직업훈련은 더욱 강화되어, 재소자에게 목공, 이발, 라디오 수리 등 다양한 기술교육을 시행하였다. 법무부는 모범적인 재소자를 선발하여 공업학교 교사에게 기술을 교육받게 한 뒤, 다시 교도소로 돌아가 다른 재소자에게 기술을 전수하도록 하였다. 재소자 간의 상호 교육은 교육비 절감과 학습 효과 증대라는 두 가지 효과를 거둘 수 있었다.

기술교육은 1961년 「교도작업특별회계법」의 제정을 통해 더욱 체계화되었다. 이 법의 목적은 수형자에게 근로정신을 함양하고 기술교육을 제공함으로써 원활한 교도 작업을 가능하게 하는 것이었다. 1969년에는 전국 교도소에 공공직업훈련소를 설립하였으며, 이를 통해 재소자에게 더욱 다양한 기술교육을 제공하였다.

그림 3-3 1970년대 기술교육을 받는 수용자의 모습[35]

1970년대 후반에는 1인 1기의 일환으로 재소자의 직업훈련이 한층 활발하게 진행되었다. 교정시설 내뿐만 아니라 밖에서의 훈련 활동도 두드러진다. 당시 재소자를 대상으로 한 직업훈련은 민간기업이 참여하기 시작했다는 특징이 있다. 이를 통해 교도소 재소자는 경제발전에 필요한 노동력으로 활용되었다. 이 시절 국가 경제발전의 목표와 맞물려 교도소 내에서의 기술교육은 재소자의 재사회화를 넘어 사회·경제적 필요에 의해 강화되었음을 알 수 있다.

쓸 수 있는 권리의 제한: 김지하의 〈양심선언〉 반출

이 시기에 재소자의 쓸 수 있는 권리는 철저하게 제한되었다. 4·19 혁명 이후 5·16 쿠데타를 통해 집권한 박정희 정권은 교도소에 펜과 종이를 금지했다. 교도소 수용자에게 쓸 수 있는 권리를 철저하게 제한한 것은 1975년 김지하가 서울구치소에서 쓴 〈양심선언〉이 사회에 알려지면서다.

〈양심선언〉은 김지하 자신을 공산주의자로 몬 박정희 정권에 대한 비판을 내용으로 하고 있다. 예컨대 "참으로 어처구니없는 모략이 나에게 들씌워지고 있다. 박 정권의 억압자들은 나를 가톨릭에 침투한 마르크스 레닌주의자로, 민주주의자로 위장한 공산주의 음모가로 몰아 투옥하였다"[36] 등의 내용이 담겨 있다. 김지하가 쓴 〈양심선언〉은 어느 교도관의 도움으로 사회에 알려졌다. 이 사건 이후 교도소에는 펜과 종이가 금지되었다.

> 얼마 후(김지하의 〈양심선언〉이 5개 국어로 번역되고 일본, 미국, 유럽에서 매스컴을 통해 발표된 후), 교정국 산하 전국의 구치소와 교도소에 특별지시가 내려졌다. '재소자의 모든 필기구를 수거하고 편지 이외에 집필을 금지하며 출소자 검신을 철저히 할 것' 호떡집에 불이라도 난 것 같았다. 일선 소에서는 직원 전체조회를 통해 법무장관의 특별지시를 하달하고 소장·보안과장이 진두지휘하여 볼펜 수거작업에 들어갔다. 누구

든 필기구를 갖고 있다 적발되는 날이면 엄벌에 처해졌다. 그렇게 하여 교도소에 볼펜씨가 말라버린 것이다.[37]

무엇인가를 쓰는 것은 학습에 있어 중요하다. 자신의 생각을 정리하고 표현하며, 타인과 소통할 수 있는 수단이 바로 '쓰기'다. 이러한 점에서 쓰기를 금지했던 것은 생각과 성찰의 기회를 차단하며, 학습 자체를 부정한 것이다. 그러나 수용자들은 이러한 제약 속에서도 쓰기를 멈추지 않았다. 금지된 학습을 감행하면서 오히려 학습을 해나간 것이다. 이는 교정교육의 진정한 의미와 가능성을 되새기게 하는 중요한 부분이다.

* * *

개조의 시대 교도소는 '명랑'한 국민을 만들기 위한 국가 개조 프로젝트의 일환으로 기능했다. '명랑', '근면', '반공'이라는 키워드는 박정희 정부의 통치이념을 재소자의 신체와 일상 속에 내면화시키는 방식이었다. 이 시기의 교정교육은 전향과 개조를 통해 국민을 통치 가능한 존재로 만들고자 하였다.

이 시대를 지나, 1980년대 국가는 재소자를 더욱 정교하게 통제하였다. 다음 장에서는 민주화운동의 확산과 함께 형성된 정치적 긴장 속에서 교도소가 재소자를 어떻게 길들이려고 했는지 교정교육의 변화 양상을 보고자 한다.

제4장

순화의 시대

—

군부집권기

1980~1992년

1980년대 민주화운동이 일어났다. 5·18 민주화운동과 6월 민주항쟁은 이 시기의 상징적인 사건이다. 민주화운동은 전국으로 확대되어 서울을 비롯한 여러 도시에서 시위와 집회가 이어졌다.

시위가 계속되자, 정부는 범죄와의 전쟁을 선포하며 불량배를 단속하는 등 강력한 사회통제정책을 시행하였다. 대표적으로 「사회악일소특별조치」 등을 시행하며 불량배 혹은 사회의 악으로 여겨진 자들을 통제함으로써 '순화'시키고자 하였다.

이 시기 교도소에서는 다양한 탈주 사건이 벌어졌다. 1983년 조세형 탈주 사건이 일어났고, 1988년에는 지강헌 탈주 사건이 일어났다. 탈주 사건은 교정 문제에 대한 지적으로 이어졌고, 교도소는 범죄학교라는 비판이 일어났다.

1980년에는 「사회보호법」이 제정되었다. 이후 정부는 불량배를 대상으로 삼청교육대를 운영하였고, 이들에게 보호감호라는 형벌을 부과하였다. 1990년대에는 범죄와의 전쟁이 선포되면서 특정한 범죄를 저지른 자에 대한 통제가 강화되었다.

교도소는 재소자를 순화시키기 위해 순화교육과 정신교육을 실시하였다. 이러한 교정교육은 신체훈련을 주된 방법으로 하여 이루어졌다.

불량배와 사회적 독소 제거: 「사회악일소특별조치」와 삼청교육대

1980년대 한국사회에서는 민주화 요구가 거세게 일어났다. 이에 맞서 정부는 국민을 강력하게 통제하였다. 12·12 쿠데타 이후 출범한 국가보위비상대책상임위원회는 1980년 8월 4일 「사회악일소특별조치」를 발표하였고, '불량배'로 여겨지는 자를 처벌하기 위해 삼청교육대를 설치하고 순화교육 등을 실시하였다.

'불량배'는 "사회적 독소"를 가진 자를 의미했고, 폭력배, 사기범, 마약사범, 밀수범 등이 포함되었다. 이들은 사회에 위협이 되는 인물로 규정되어 강제로 수용되었다. 그러나 실제로 삼청교육대에 끌려간 상당수는 범죄와 무관한 민간인이었다. 정치적 이유로 수감되기도 하였고 노동운동 등에 참여했던 학생도 포함되었다. 전두환은 연설에서 학생들의 시위를 "정치 불순세력에 편승하여 폭력에 의한 정부 전복 음모에 가담하는 범행"이라고 말하기도 하였다.

1980년 7월 29일에는 삼청교육대라 불리는 '불량배 소탕작전(삼청교육 5호)'이 본격적으로 실시되었다. 당시 법무부는 인간개조를 위해 삼청교육대를 운영하고 "사회와의 완전 격리 및 근원적인 악성 교정"을 위해 특수교도소를 건립하겠다는 내용도 발표하였다. 내면적으로 순화되지 않았다고 여겨지는 자들을 장기간 특정한 기관에 수용하여 변화시키겠다는 것이다.

> 국보위 정화위원회에서는 금번 제1차로 실시한 순화교육 및 근로봉사자 중 표면상으로는 순화되었다고 볼 수 있으나, 내면적으로는 순화가 되지 않아 퇴소후 재범 우려가 있는 자들을 가려내서 장기간 특정지역에 수용시켜 진심으로 개과천선시키기 위하여 심사위원회를 구성.[1]

삼청교육대에서 실시한 순화교육의 명목은 재소자가 다시 사회에 복귀할 수 있도록 돕는 것이었지만, 실제로는 신체적·정신적 고통을 수반한 강압적인 훈련을 시행하였다. 정부는 삼청교육을 통해 재소자에게 국가에 대한 복종과 순응을 강요했고, 이를 통해 사회를 안정시키고자 하였다.

> 순화교육을 받은 자 중 재범이 우려되는 자의 동태를 파악하여 강력범

의 재발 요인을 없애기 위해 사회악이 근절될 때까지 불량배소탕을 중단 없이 계속해 나가기로 했다고 밝히고 있다.

지금 우리에게 무엇보다도 절실히 요구되고 있는 것이 사회안정임은 더말할 것도 없다. 사회의 안정 없이는 순조로운 정치발전도, 경제불황을 극복하기 위한 국민적인 내핍도 기대할 수 없기 때문이다. 따라서 사회를 좀먹고 병들게 하는 폭력 등 일체의 사범은 사회안정을 저해하는 제 1차적인 요인이 되기 때문에 이를 뿌리뽑아야 한다는 것은 너무나도 당연한 일이 아닐 수 없다.[2]

「사회보호법」의 제정과 수형자 통제: 교도소 내 특별권력관계론의 강화

1980년대 대한민국에서는 민주화운동이 활발히 일어나며 정부에 저항하는 양심수와 공안사범이 급증하였다. 정부는 재소자를 관리하고 통제하기 위한 정책을 대폭 강화하였다. 이 과정에서 「사회보호법」이 제정되었다. 재범의 위험이 있는 자들에게 교정 및 치료를 명령함으로써 사회적 안전을 확보하려는 목적을 가지고 있었다.

삼청교육대에서 실시된 교육은 「사회보호법」의 도입과 긴밀하게 연결된다. 삼청교육대는 사회 정화를 목적으로 불량배로 규정된 자들을 강제로 체포하여 신체훈련과 순화교육을 받게 하였다. 삼청교육대에서

교육받은 자들은 「사회보호법」에 근거하여 보호감호 처분을 받았다. 이에 따라 1981년에 청송보호감호소가 설립되었고, 1983년 청송교도소로 개편되었다. 이러한 일련의 변화는 국가가 재소자를 단순히 처벌하는 것이 아니라 장기적으로 통제하여 국가에 순응하도록 만들고자 한 정책적 기조를 반영한 것이었다.

삼청교육대를 거친 재소자는 청송보호감호소로 이송되어 추가 교육을 받아야 했다. 이들은 목공, 이발, 미장과 같은 기술을 배워 자격증을 취득해야만 출소할 수 있었다. 그러나 출소하기 위해 신원보증서와 취업보증서 또한 필요했기 때문에, 많은 재소자가 감호소에 장기간 억류된 상태로 남아야 했다.

이와 함께 교도소에서는 특별권력관계론이 작동하였다. 이는 교정시설 내에서 재소자와 교도관 간의 권력관계를 명확히 하는 기제라고 할 수 있다. 즉, 특별권력관계론은 교도관이 행정 목적을 위해 재소자의 권리를 제한하고, 재소자는 이에 복종해야 한다는 논리이다. 이로 인해 교도소에서는 재소자의 권리가 대폭 제한되는 동시에, 교도관에게는 강력한 권한이 부여되는 양상이 나타났다. 이러한 권력구조는 삼청교육대를 통해 감호소로 이송된 재소자들에게도 그대로 적용되었다. 재소자에 대한 통제는 「사회보호법」을 통해 제도적으로 강화되었다.

1982년 대법원의 판결로 국가와 수용자의 관계에서 지배와 복종의 특별권력관계는 부정되었다.[3] 그러나 1990년대까지도 교정시설에서는 권력관계가 암묵적으로 존재하였다.

재소자 순화교육: 교도소에서의 강제적 재사회화

1980년대에 '재소자 특별순화교육 계획'이 발표되면서, 정부는 교도소 내 재소자에게 순화교육을 시행하였다. 순화교육을 실시하기 위해 교도소에서 선발된 교정공무원들은 1980년 9월부터 군부대에서 직접 훈련을 받았다. 이후 이들은 교도소로 돌아와 재소자를 훈련시켰다. 재소자는 매일 유격체조, 구보, 팔굽혀펴기, 오리걸음 등 신체적으로 고통스러운 훈련을 받아야 했다.[4]

순화교육에서는 신체훈련뿐만 아니라 정신교육도 함께 이루어졌다. 재소자는 기술을 배우고 종교교육을 받으며 과거의 잘못을 뉘우치도록 교육받았다. 그러나 교육의 핵심은 결국 신체적 고통을 통해 정부에 저항하는 재소자의 정신을 변화시키려는 것이었다.

신창원의 일기에도 순화교육에서 이루어졌던 혹독한 훈련 내용이 담겨 있다.[5] 한 교도관의 자서전에도 재소자 순화교육이 군대에서 하는 유격훈련과 유사했다고 쓰여 있다. 문제 수형자에게는 혹독한 기합과 훈련을 실시하였다고 한다. 문제 수형자는 정부에 강하게 저항하는 자들이었고, 이들을 통제하기 위해 별도의 기합을 줬던 것으로 보인다.

> 전대미문의 공수부대 훈련이 교도소 구내에서 실시됐던 것이다. 재소자들을 대상으로 매일 오전·오후 2시간씩 운동장의 자욱한 먼지 속에서 유격훈련과 오리걸음 등을 실시했다. 독이 올라왔던 교관들은 재소자를 무자

> 비하게 다루었고, 특히 조직폭력배, 문제 수형자는 별도 장소에서 기합과 얼차려를 실시했다. 문제 수형자, 골치 아픈 수형자들의 수난시대였다.
>
> 나는 교육대장이었다. 빨간 모자 순화교육 교관들이 극한 선을 못 넘도록 보이지 않는 통제화 교육을 시켰다. 한두 사람이 교육 중 죽어 나가도 별로 문제가 없다는 분위기였다.[6]

이와 같이 순화교육에서는 가혹한 처벌을 통한 훈련이 이루어졌다. 배움, 즉 변화는 육체를 통해 가능하다는 사고가 반영된 것이다. 과거 감옥에서 신체형을 실행했던 일과 같다. 재소자 순화교육에서 혹독한 신체훈련이 이루어졌다는 것은 교육내용과 시간 계획표를 보아도 알 수 있다. 순화교육의 내용과 계획표는 〔표 4-1〕과 같다.

순화교육은 총 192시간으로 이루어졌다. 정신교육 16시간과 입·퇴소 및 예비시간 8시간을 제외한 나머지 168시간은 유격체조, 토끼뜀뛰기 등의 신체훈련이었다. 순화교육대의 구성도 군대 조직과 같이 교육책임관(소장), 교육대장(보안과장), 대대장(교감, 교위), 중대장(교사), 지도교관(교도)으로 이루어졌고, 교관은 붉은색 모자를 착용하였다.[7]

그러나 1980년대 민주화운동 이후 사회적 분위기가 변하며 교도소교육에도 영향을 미쳤다. 제6공화국 출범과 함께 1988년부터 기존의 순화교육은 폐지되고 정신교육으로 대체되었다. 공식적인 폐지 이유는 순화교육에 포함된 미결수용자와 여성수용자에 대한 신체훈련이 사회적 비판을 받았기 때문이었다.

표 4-1 순화교육 교육내용과 시간 계획[8]

구분		계	1주	2주	3주	4주	비고
정신교육 (16)	지휘관 정신훈화	8	2	2	2	2	
	출소 모범정착자 갱생, 성공 사례 발표	8	2	2	2	2	
인내훈련 (112)	유격체조	20	5	5	5	5	
	구보(驅步)	40	10	10	10	10	
	모래가마니 운반 및 들어올리기 등, 토끼뜀뛰기	52	13	13	13	13	
특수훈련 (38)	반복동작 및 반복자성(自省)	38	9	10	10	9	팔굽혀펴기 다리 펴기 오리걸음 반성구호 반복하기
제식훈련 (18)	맨손 조련 등	18	4	5	5	4	
기타(8)	입·퇴소식	4	2			2	
	예비시간	4	1	1	1	1	
계		192	48	48	48	48	

그러나 순화교육 폐지와 정신교육 도입은 명목상의 변화에 불과했다. 정신교육으로 전환된 이후에도 여성수용자를 포함하여 모든 수용자에게 제식훈련을 비롯한 신체훈련이 지속적으로 시행되었다. 이는 교육 명칭의 변화에도 불구하고 실제 교육의 내용과 방식은 크게 달라지지 않았다는 것을 말한다. 결국 민주화운동 이후 교정교육은 명칭은 바뀌었으나, 교육의 본질적인 내용이나 방법론에는 근본적인 차이가 없었다.

범죄학교에서 교도소대학으로 나아가자

1980년대에는 교도소와 관련된 사건들이 큰 사회적 논란을 일으켰다. 대표적으로 1983년에 조세형 탈주 사건이 일어났다. 조세형은 당시 재벌과 고위 관료를 대상으로 절도를 저지른 인물로, 1982년 체포되어 재판을 받던 중 교도관이 잠시 자리를 비운 사이 탈출하였다. 하지만 그의 탈주는 115시간 만에 끝났다. 이 사건은 단순한 탈주 사건이 아니었다. 조세형은 재벌 등의 권력층을 대상으로 훔친 돈의 일부를 가난한 사람에게 나눠줘 의적으로 불리며 큰 인기를 끌었기 때문이다.

조세형 탈주 사건 이후, 정부는 교도소 내 재소자 관리를 더욱 강화하였다. 교도소 내부 규칙을 강화하고, 법무부는 교도관을 더 전문적으로 교육하기 위해 교정학교를 설립하겠다고 발표하였다. 1984년에 세워진 교정학교는 설립 1년 전에 설치 계획을 발표하며 설치 계기가 조세형 탈주 사건이라고 언급하였다.[9]

또한 감시TV 등의 설치를 확충하는 등 재소자의 관리와 감독을 철저히 하는 방안이 제시되었다. 신문에서는 "조세형 탈주사건을 계기로 교정공무원의 직무교육을 강화하기 위한 교정학교 창설과 함께 (…) 감시TV 등 각종 보안장비도 확충키로했다 (…) 서울 등 교도소의 경우는 현재의 3~5대에서 10~20대로 늘리고 작은 교도소는 1~2대에서 5~10대로 늘리며 범죄자동탐지기, 휴대용무전기 등을 도입하기로 했다"는 내용을 보도하였다.

조세형 사건 이후, 교도소는 다시금 '범죄학교' 혹은 '범죄대학'으로 불렸으며, 재소자는 '감방동기생'으로 불렸다. 교도소는 범죄자를 변화시키는 것이 아니라 오히려 범죄자를 양성하는 곳이라는 인식이 더욱 확대되었다.

> 지금까지 교도행정이 꾸준히 개선돼 왔으나 「감방은 범죄대학」이라는 말은 범죗군들의 세계에서는 아직까지도 「진리」로 받아들여지고 있다. 현재 수감중인 5만3천여명의 재소자 중 70%이상이 재범자이며 20대 전후의 떼강도의 상당수는 감방에서 만나 범죄수법을 서로 가르치고 배워 출소 후 함께 범행하는 이른바 「감방동기생」들인 것으로 밝혀지고 있다. 감방이 「범죄학교」역할을 하고있는 현실은 우리나라 교정행정이 아직도 일제 때의 형무소와 같은 「감옥」의 수준에 머물고 있을 뿐 교정 목적인 교화(敎化)에는 전혀 손이 미치지 못하기 때문이다.[10]

'범죄학교'라는 언표가 생성된 것과 같이, 교정을 하는 교도소가 과연 인간을 수양修養 시키는 "수양소修養所"인지 아니면 범죄를 양산하는 "복마전伏魔殿"인지의 문제도 함께 제기되었다.

> 높은 벽돌담으로 둘러싸인채 사회와 차단된 교도소, 그곳은 범법자들을 교정(敎正)하는 인간 수양소(修養所)인가 아니면 또다른 범죄가 횡행하는 복마전(伏魔殿)인가 (…)[11]

'범죄학교'라는 언표는 교정교육에 대한 실패와 회의를 담고 있다. '감방동기생'에서 '삶의 전환을 위한 동료 학습자'라는 새로운 관계를 가능하게 하는 환경이 마련된다면, 교정교육은 진정한 교육으로 작동할 수 있을 것이다. 수용자 개인의 내면적 변화뿐만 아니라, 서로를 '함께 배우는 존재'로써 인식하는 학습 공동체가 형성될 때, 교도소는 재사회화를 위한 학습 장소로 거듭날 수 있다.

이러한 가능성은 해외 사례를 통해서 확인할 수 있다. 미국 캘리포니아주의 마운트타말파이스대학Mount Tamalpais College은 교도소 안에서 실제 대학교육을 운영하며, 수용자에게 정규 대학 수준의 학문적 기회를 제공하고 있다. 이 대학은 샌쿠엔틴주립교도소San Quentin State Prison 안에 위치해 있으며, 매 학기 약 300명의 수용자가 대학교육을 수강한다. 교도소에서 대학교를 운영하게 된 것은 1994년 교도소대학 프로젝트가 실시되면서부터다. 「폭력 범죄 통제 및 법 집행법Violent Crime Control and Law Enforcement Act」이 시행되며 수용자가 학비 지원을 받지 못하게 되었다. 이러한 상황에서 샌쿠엔틴대학은 1996년부터 교도소대학 프로젝트를 시작하였다. 운영 초기에는 인근 패튼대학Patten College의 확장 부지로 운영하다가 2020년 대학 이름을 마운트타말파이스대학으로 바꿨다. 마운트타말파이스대학은 교도소 수용자에게 대학 수준의 교육을 제공하고 패튼대학교Patten University 이름으로 전문대학 학위를 준다.[12]

이와 같이 수용자도 배우고 성장할 수 있는 학습자로 인정받을 때, 교정교육은 실패하거나 형식적으로 운영되는 것이 아닌 회복과 가능성을 실천하는 교육이 된다. 교정교육은 사람이 스스로 변화할 수 있도록 기회를 보장하는 교육이어야 할 것이다.

교도소 은어

1988년, 또 하나의 충격적인 사건이 벌어졌다. 바로 지강헌 사건이다. 지강헌은 영등포교도소에서 공주교도소로 이송되던 중 탈주한 후, 인질극을 벌이며 한국사회의 불평등을 강하게 비판한 자이다. 그가 한 말 중 가장 유명한 말은 "유전무죄, 무전유죄"로, 돈이 있으면 무죄, 돈이 없으면 유죄라는 뜻이다. 이 말은 많은 이들의 공감을 얻었고, 오늘날까지도 사회적 불평등을 상징하는 표현으로 남아 있다.

> "돈 없고 권력 없이는 못 사는 게 이 사회다. 전경환의 형량이 나보다 적은 것은 말도 안 된다. 대한민국의 비리를 밝히겠다. 돈이 있으면 판검사도 살 수 있다. 유전무죄 무전유죄, 우리 법이 이렇다."[13]

이 외에도 교도소에는 재소자 사이에서 만들어지고, 사용되는 은어가 있다. 대표적으로 '범털'과 '개털'이 있다. 범털은 돈이 많은 수용자를 말하고 개털은 돈이 없는 수용자를 말한다. 부富에 따라 교도소 생활이 달랐던 것을 말해주는 용어다.

교정교육과 관련된 은어에는 '종이쪼가리'도 있다. 교도소에서 공부하여 취득할 수 있는 자격증으로 컴퓨터 관련 자격증이 있지만 출소하면 활용하기 어렵다는 것을 의미하는 은어다. 교도소에서는 수용자에게 교육과 훈련의 기회를 공평하게 줘야 하기 때문에 자격증을 취득하면 더 이상 교육에 참여할 수 없다. 사회에 나와서도 그 자격증을 "써먹기" 쉽지 않다. 교도소 수용자 사이에서는 자동차 정비교육에 참여하고 관련 "자격증을 땄어도 사회에 나가면 자격증 취득 사실을 숨기고 처음부터 다시 배워야 한다"는 말을 하기도 한다.[14] '종이쪼가리'에 불과한 자격증이 쓸모 있으려면 교육이 실용적으로 이루어져야 할 것이다.

범죄와의 전쟁 선포

1980년대가 수용자를 관리하는 여러 장치가 탄생한 시기였다면, 1990년대 초반에는 수용자 관리 방식이 더 미세하게 분화된다. 정부는 범죄를 세분화하여 범죄자를 관리하기 위한 특별한 대책을 마련하였다. 1990년 노태우 대통령은 '10·13 특별선언'을 통해 '범죄와의 전쟁'을 선포한다. '10·13 특별선언'에서 노태우 대통령은 "조직폭력배, 강력범, 마약조직을 소탕"하겠다며 "치안을 강화"하겠다고 선언하였다. 또한 교도소가 범죄를 배우는 곳이 되지 않도록 "교정과 갱생대책을 강화"할 것이라고 하였다.

범죄와의 전쟁을 선포한 후 정부는 천여 명이 넘는 폭력조직 관련 인물을 검거하였다. 1992년 신문에서는 범죄와의 전쟁 선포 이후 5대 범죄(살인, 강도, 강간, 절도, 폭력)가 2년 전에 비해 5.9% 감소했고, 검거율은 8.7% 상승했다고 보도하였다.[15]

그러나 범죄와의 전쟁은 사실상 학생과 노동자의 시위를 겨냥한 조치였다. 당시 저항운동의 가장 강력한 두 축은 학생운동과 노동운동이었다.[16] 정부는 1991년 3월 말 시국 관련 사범으로 1,119명을 구속했는데 이 중 학생이 591명, 노동자가 223명이었던 점[17]에서 이를 알 수 있다. 당시 검거율이 증가한 것 역시 이렇게 시위에 참여한 학생과 노동자를 범죄자로 낙인찍었기 때문일 것으로 보인다.

특정강력범의 탄생과 정신교육의 시작

특정한 범죄를 저지른 자에 대한 통제는 1990년대에 지속적으로 이루어진다. 1990년 12월 6일에는 법무부가 기존에 '흉악범'으로 통칭하여 불리던 자들을 '특정강력범'이라고 공식 명명하였다. 이후 1990년 12월 31일에는 법무부가 「특정강력범죄의 처벌에 관한 특례법」[18]을 제정하여 이들에 대한 관리, 감독을 더욱 철저히 하였다. 이 법에 따르면 '특정강력범죄'란 살인, 약취와 유인, 정조貞操에 관한 죄 중에서 흉기나 기타 위험한 물건을 휴대한 경우, 강도, 폭력행위 등이 해당한다.

이러한 사회의 분위기에 교도소에서도 특정강력범에 대한 통제를 강화한다. 특정강력범은 구금 정도가 가장 높은 초중구금교도소에 구금되었다. 이는 1991년 3월 14일에 개정된 「수형자분류처우규칙」[19]에 드러나 있다. 「수형자분류처우규칙」은 수형자를 범죄나 개인 특성에 따라 분류하여 처우를 제공할 필요성이 강조되면서 1969년에 제정된 「교정누진처우규정」을 개정한 것이다. 제1조에는 "수형자의 처우를 합리화하여 그 반성과 노력의 정도에 따라 처우를 점차 완화함으로써 수형자로 하여금 보다 빨리 사회생활에 적응하게 함"에 그 목적이 있다고 명시되어 있다.

이러한 특정강력범은 '특별한' 정신교육을 받았다. 일반수용자에 비하여 받아야 하는 교육의 양도 더 많았다. 1990년부터 시행된 수용자 정신교육은 1989년 12월 「법무부 정신교육 개선방안」에 따라 실시되었다. 이때 실시된 정신교육의 목적은 "교육교화활동의 다원화로 심성순화와 인격도야 및 개과천선을 촉진시켜 민주시민으로의 자질을 함양하고 특정강력범에 대하여는 특별정신교육을 통한 범죄성향의 근원적 제거로 재범방지 도모"[20]에 있었다.

특별정신교육은 특정강력범으로 분류된 자를 대상으로 3단계로 나눠 실시되었다. 1단계는 일반수용자 정신교육과 동일한 교육내용으로 매년 2회, 매회 2주간 71시간의 교육이 실시되었다. 또한 '생활지도'라는 제목으로 교도관이 특별관리 대상자 등을 상담하였고, 1인 1

교 등 종교를 권장하는 지도를 하였다.[21] 교육평가는 자체 강사진 및 교도관이 했는데, 필요시 외부인사가 참석하였다.[22] 평가내용은 정신교육 이수 상태, 수용생활, 자생록, 신앙생활 등이 포함되었고, 평가는 3개 급으로 구분하여 이루어졌다. A급은 개선가능자로서 정신교육이 연 2회에서 1회로 줄고, 학과교육이나 직업훈련 등에 참여할 수 있었다. B급은 개선미흡자로 연 2회의 재교육을 받아야 했고, C급은 개선곤란자로 청송제2교도소로 이송되어 2단계 정신교육을 받았다.

2단계 정신교육은 1단계 정신교육에서 C급으로 평가된 자 및 상습 규율 위반자 등 문제수용자를 대상으로 이루어졌다. 매회 30명 내외로 4주간 156시간의 정신교육(정신수련 94시간, 단체적응훈련 62시간)이 이루어졌다. 육체 작업도 부여되었는데, 시멘트 벽돌 작업으로 3인 혹은 4인 1조로 편성하여 4주간 실시되었다. 2단계 정신교육 후에도 평가를 하여 A급은 30% 이내로 부여하였고 이들에게 각종 처우를 완화하여 제공하였다. B급과 C급을 받은 자를 대상으로는 3단계 정신교육을 실시하였다.

3단계 정신교육은 2단계 정신교육에서 B급과 C급으로 평가된 자와 3단계 정신교육 후 반복교육 대상자로 평가된 자를 대상으로 했다. 교육인원은 30명 내외로 A급은 처우 완화, 집단 상담 등을 시행했고, B급과 C급은 개별 지도를 강화하여 교양도서 권장, 방송교육을 통한 정신교육 강화 등을 실시하였다. 육체훈련은 2단계 정신교육과 동일하게 실시하였다. 자세한 정신교육의 내용은 〔표 4-2〕와 같다.

표 4-2 정신교육 내용[23]

<table>
<tr><th rowspan="2">일반수용자 정신교육</th><th colspan="4">특정강력범 정신교육
(1단계는 일반수용자 정신교육과 동일)</th></tr>
<tr><th colspan="2">2단계 정신교육</th><th colspan="2">3단계 정신교육</th></tr>
<tr><td rowspan="14">정신수련(47시간, 60%)
- 국가관 확립
- 통일교육
- 준법정신 함양
- 충·효·예의 생활화
- 참되게 사는 길
- 국난극복사
- 현대인의 직업윤리
- 민주시민의식
- 인간의 존엄성
- 신앙과 인간생활
- 국민 생활과 경제발전
- 갱생 성공 사례
- 기타 필요한 과목</td><td colspan="2">정신수련(94시간, 60%)</td><td colspan="2">정신수련(39시간, 50%)</td></tr>
<tr><td>특강</td><td>4</td><td>특강</td><td>2</td></tr>
<tr><td>국가관 확립</td><td>8</td><td>인간의 존엄성</td><td>4</td></tr>
<tr><td>인간의 존엄성</td><td>8</td><td>도덕성 회복</td><td>4</td></tr>
<tr><td>도덕성 회복</td><td>8</td><td>민주시민의식</td><td>4</td></tr>
<tr><td>민주시민의식</td><td>8</td><td>참되게 사는 길</td><td>4</td></tr>
<tr><td>참되게 사는 길</td><td>8</td><td>충·효·예의 생활화</td><td>4</td></tr>
<tr><td>충·효·예의 생활화</td><td>8</td><td>현대인의 직업윤리</td><td>4</td></tr>
<tr><td>인간관계</td><td>8</td><td>신앙과 인간생활</td><td>4</td></tr>
<tr><td>현대인의 직업윤리</td><td>8</td><td>집단 카운셀링</td><td>5</td></tr>
<tr><td>신앙과 인간생활</td><td>8</td><td>시청각교육
(갱생 성공 사례 등)</td><td>4</td></tr>
<tr><td>집단 카운셀링</td><td>10</td><td></td><td></td></tr>
<tr><td>시청각교육
(갱생 성공 사례 등)</td><td>8</td><td></td><td></td></tr>
<tr><td colspan="4"></td></tr>
<tr><td rowspan="5">심신단련(24시간, 40%)
- 제식훈련
- 레크리에이션
- 건강체조
- 각종 구기운동 등</td><td colspan="2">단체적응훈련(62시간, 40%)</td><td colspan="2">단체적응훈련(39시간, 50%)</td></tr>
<tr><td>제식훈련</td><td>14</td><td>제식훈련</td><td>10</td></tr>
<tr><td>체조 및 극기훈련 등</td><td>24</td><td>체조 및 극기훈련 등</td><td>17</td></tr>
<tr><td>레크리에이션</td><td>8</td><td>레크리에이션</td><td>4</td></tr>
<tr><td>체육(구기운동)</td><td>16</td><td>체육(구기운동)</td><td>8</td></tr>
</table>

정신교육은 1990년에 대전교도소에 해당 수용자를 이송하여 실시하였다. 1992년부터는 제3단계 특별정신교육을 청송교도소에서 실시하였다. 1993년에는 「특정강력사범 정신교육에 관한 지시」[24]에 따라 대전

그림 4-1 정신교육 입교식 때 수용자 대표가 선서하는 모습[25]

교도소와 청송교도소에서 실시하던 2단계와 3단계 특별정신교육 업무를 청송제2교도소로 이관하여 해마다 약 3만 명씩 교육하였다. 특정강력범을 대상으로 정신교육을 강화했던 모습이다.

특정강력범 정신교육은 1990년대 후반 문제가 지적되기 시작한다. 청송교도소에 이송되어 수감되는 자는 교육 효과가 적고 교육 분위기를 저해하는 경향이 있다는 점이 문제가 되었다. 또한 교육 수료 후 다른 소로 이송되면 새로운 환경에 적응하기 어려운 탓에 다시 문제수용자가 되어 청송제2교도소에서 재교육을 받는 악순환이 발생한다는 것이다. 특정강력범 정신교육은 범죄성 제거에만 목적을 두어 당시 「행형법」 제1조에 규정된 교정교화를 충분히 이루지 못하였다는 평가도 있다.[26] 이는 1992년까지 노태우 대통령이 범죄와의 전쟁 등을 위해 삼청교육대와 정신교육 등을 시행했지만, 이후 1993년 김영삼 대통령으로 정권이 변화하면서 그동안의 교육에 대한 문제들이 하나둘씩 지적되었던 것으로 보인다.

특정강력범 정신교육에 대한 여러 문제가 지적된 후 평가 방식에 큰 변화가 생긴다. 기존에 상대평가로 등급이 부여되었던 것을 절대평가로 전환한 것이다. 법무부 교정국은 상대평가를 절대평가로 전환한 이유에 대해 정신적·육체적 능력이 미약한 수형자의 형평을 도모하기 위함이라고 하였다.[27] 절대평가로 바뀐 후 전체 100점 기준으로 총점 60점 이상이면 누구나 A등급을 받을 수 있었고, 청송제2교도소에서 교육 이수 후 이입된 수형자는 1년 이내에는 재이송이 금지되었다. 교관의 복장도 기존에는 얼룩무늬 전투복이었으나 기동복으로 대체하여 위화감을 완화하였다.

평생교육과 교도소: 교육의 새로운 흐름

1980년대는 우리나라 평생교육사에서 중요한 시기였다. 이는 교정교육에도 영향을 미쳤다. 배경을 살펴보면, 1980년 10월 27일에 개정된 「대한민국 헌법」(헌법 제9호)에 평생교육이 명시되어 사회에서 평생교육과 성인교육에 대한 언표가 폭발적으로 증가하였다. 「헌법」 제29조 제5항에 "국가는 평생교육을 진흥하여야 한다"고 명시했으며, 제6항에는 "학교교육 및 평생교육을 포함한 교육제도와 그 운영, 교육재정 및 교원의 지위에 관한 기본적인 사항은 법률로 정한다"고 명시하였다.

《동아일보》에서는 당시 평생교육의 중요성에 대해 다음과 같이 설명하였다.

> 평생교육을 강조하게 된 것은 현대의 지식폭발 현상에 말미암은 것이다 (…) 학교교육을 흔히 가소성(可塑性)이 높은 시기에 받는 것이라고 생각되어 왔다. 그러나 오늘날에는 사람이 평생에 걸쳐 학습 활동과 자기형성을 끊임없이 해 나갈 수 있도록 교육제도 체제 구조 및 방법을 바꾸지 않으면 안 되게 되었다.
>
> 학교교육이 뒤따르는 평생교육의 기초가 되려면 학교에서 지식을 가르치는데 주력할 것이 아니라 배우는 방법을 가르치는 데 힘써야 할 것이다. 그것을 학습에 대한 학습을 하게 한다고 말하는 것이다.[28]

신문에서는 학교교육이 급변하는 지식사회에 충분히 대응하지 못하고 있으며, 따라서 평생교육이 필수라는 논리를 펼쳤다. 평생교육의 핵심은 "학습에 대한 학습", 즉 학습하는 방법을 배우는 데에 있다고 설명하였다. 그러면서 이를 위해 철학을 공부하는 것이 중요하다고 하였다. 평생교육을 실천하는 데는 "합리적으로 과학적인 사고력 분석, 판단력을 기르는 데는 철학 공부 이상 가는 것이 없을 것이다"고 한 점에서 이를 알 수 있다.

당시 평생교육을 실천하는 방법으로 철학이 중요하게 여겨졌던 것은 민주운동과 연관된다. 민주운동이 활발하게 일어났던 시기의 대학생들은 마르크스의 《자본》과 같이 이전에 '좌익 출판물'로 여겨져 금서였던 책들을 많이 접할 수 있었다. 이에 따라 시나 소설이 베스트셀러를 석권하던 통례가 깨지고 사회과학 책들이 스테디셀러로 자리 잡았다. 신문에서는 노동권에 대한 관심이 높아지면서 《노동법 해설》(장명국(1990). 석탑출판사)도 40쇄를 찍으며 100만 부가 팔렸다고 하였다. 해방 이후 금서였던 책들이 1980년대에 조금씩 풀리면서 사람들이 철학, 역사, 법과 관련된 서적을 많이 접할 수 있었던 것이다.[29] 이러한 분위기에서 평생교육의 실천에 있어서도 철학이 강조되었던 것으로 보인다. 〔그림 4-2〕는 1980년대 후반 금서의 제한이 풀리자 사람들이 금서였던 책들에 관심을 보이기 시작한 것을 표현하고 있다.

이러한 변화는 교정시설에도 영향을 미쳤다. 1988년 국정감사 이후 재소자의 학습권이 확대되었으며, 특히 읽을 수 있는 권리가 대폭 강화되었다. 사회적·정치적 변화가 교도소에도 영향을 미친 결과로, 금서

그림 4-2 1980년대 후반 금서의 해제[30]

제한이 풀리면서 수용자도 철학 및 사회과학 서적을 접할 수 있는 기회가 확대되었다. 과거 문화공보부가 선정한 623권의 열독 불허 도서 목록이 폐지되기도 하였다. 이후 수용자는 교화상 부적절하다고 인정되는 도서를 제외하고는 어떤 도서라도 읽을 수 있었다. 이러한 변화는 수용자들의 지적·문화적 접근을 넓히는 데 중요한 전환점이 되었다.

수용자의 학습권 확대는 도서 외에도 신문과 방송매체를 보다 다양하게 볼 수 있게 된 점에서도 알 수 있다. 당시 신문 구독은 미결수와 모범수에게만 한정되어 있었지만 1980년대 후반 이후 전국 모든 수용자로 확대되었다.

1988년 11월 5일부로 라디오 청취와 TV 시청의 범위도 확대되었다. 기존에는 누진계급 2급 이상의 수형자에게만 라디오 청취가 허용되었으나, 모든 수용자의 라디오 청취가 가능해졌다. TV 시청은 모든 수용자에게 허용하지는 않았지만 누진계급 2급 이상인 수형자, 개방 및 준

표 4-3 1983년 전주교도소 TV 시청 내용[31]

날짜	방송시간	방송내용	방송시청자	장소
1월 1일 (토)	09:30~11:45	별주부전	1·2급수, 지도원	교회당
1월 2일 (일)	10:00~12:00	명랑운동회	1급수 및 미전향좌익수 75명	
1월 14일 (금)	13:30~14:50	세계피겨스케이팅, 민족의 화합	미전향 35명, 미지정 133명	
1월 23 (일)	10:00~12:00	VTR 시청	지도원, 봉사원, 1·2급수	
1월 27일 (목)	13:20~15:20	탈출(영화 상영)	여성수용자 20명	여사

개방처우 대상자, 피보호감호자, 가석방 예정자, 기타 교화상 특히 필요하다고 인정되는 수형자에게 허용하였다. 〔표 4-3〕과 같이 1988년 이전에는 1급과 2급 이상인 수형자, 지도원 등 TV를 시청할 수 있는 자가 매우 제한적이었지만, 1988년 이후 제한이 완화되었다.

수용자의 학습권: 국제적 흐름과 한국에의 시사점

1980년 평생교육이 「헌법」에 명시된 후 신문에서는 해외의 평생교육 사례를 소개하기도 한다. 영국에서는 백발의 노인도 "본인 희망하면 평생공부"가 가능하다고 하며 "성인교육"의 현황을 서술하였다.

> 교실마다 배움의 열기가 가득하다. 백발의 할아버지도, 돋보기 할머니도 또 직장인도 주부도 하나라도 더 배우려는 의욕이 눈빛에 번뜩인다. 런던 시내 투팅 구의 성인교육 센터 한 교실에서는 고고학 강의가 한창인가하면 그 옆 교실에서는 도자기 강의가 열을 더해가고 있다. 실직자를 위해서는 기술교육이, 문맹자를 위해서는 읽기 쓰기와 산수 강좌도 마련되어 있다. 영국에서의 성인교육은 정규학교를 떠난 이후의 성인들을 가르치는 데에 있어 중요한 비중을 차지하고 있다 (…) 교도소 재소자를 위한 강의도 따로 마련되어 있다.[32]

위의 기사를 보면, 해외에서 교도소 재소자에게 평생교육을 제공하는 사례가 소개된 점이 흥미롭다. 당시 우리나라에서 평생교육이 일부에서는 사치로 여겨졌던 시대적 배경을 고려할 때, 교도소 재소자를 대상으로 한 교육이 논의되었다는 점은 주목할 만하다. 이러한 논의는 평생교육이 단순한 엘리트층의 전유물이 아니라, 사회의 소외계층을 포함한 모든 이들을 대상으로 확장될 가능성을 여는 중요한 신호로 작용했을 것이다.

해외에서는 1980년대 이미 교도소 수용자를 위한 교육이 활발하게 논의되고 있었다. 1985년 프랑스 파리에서 열린 제4차 국제성인교육회의International Conference on Adult Education가 수용자 학습을 활발히 논의하는 신호탄으로 작용하였다. 이 회의에서는 '학습권The right to learn'이 만장일치로 채택되었고, 교육에서 소외된 계층의 학습 기회를 보장해야 한다는 내용이 포함되었다. 당시 유네스코 사무총장 음보우Amadou-Mahter M'Bow 1921~2024는 교육의 민주화와 평생교육의 중요성을 강조하면서, 특히 교육의 혜택을 받지 못한 사람들 — 실업자, 장애인, 농촌지역 거주자, 노인 — 뿐만 아니라 교도소 수용자와 같은 사회적 소외계층도 평생교육의 대상에 포함되어야 한다고 강조하였다.[33]

같은 해, 국제성인교육협회International Council for Adult Education: ICAE가 아르헨티나 부에노스아이레스에서 개최한 제4차 대회에서도 '교도소 수용자 성인교육'이 17개 회의 분과 주제 중 하나로 논의되었다. 2020년에는 유네스코에서 수용자의 읽을 수 있는 권리에 대한 책

그림 4-3 교도소 수용자의 읽을 수 있는 권리 관련 유네스코 도서[35]

《감옥 너머의 책들: 교도소 도서관의 변혁 가능성 *Books beyond bars: The transformative potential of prison libraries*》[34]을 냈다. 교도소 수용자의 학습과 교도소 도서관에 대해 설명한 이 책에서는 수용자에게 독서는 단순히 '시간 때우기'가 아닌 삶을 재구성하는 기회가 될 수 있다고 하였다. 그러면서 수용자를 학습자로서 인식한다면 이들의 재사회화와 사회복귀 가능성을 높이는 데 도움이 된다고 하였다. 이러한 국제적 흐름에도 불구하고 한국에서는 교도소 수용자의 학습과 교육에 대한 관심이 현재까지도 여전히 저조하다.

실제로 해외 교도소에서 수용자의 학습권이 확대되고 있는 사례를 볼 수 있다. 예를 들어 브라질에서는 2012년 6월 22일 연간 12권의 책을 읽는 수용자에게 1년마다 48일의 형량을 줄여주는 법을 제정하였다. 수용자의 독서와 학습을 법적 제도 안에서 인정한 사례다. 이에 앞서 브라질은 교도소에서 정규 교육과정을 이수하는 수용자에게 형량을 줄여주는 법을 제정한 바 있다.[36]

또한 2019년 페루에서는 절도 혐의로 기소된 피고인 2명에게 4년의 집행유예를 선고하면서, 그 조건으로 '독서'를 명시한 판결이 내려졌다.[37] 법원이 이들에게 특정 권장도서를 지정하며 독서를 조건으로 삼은 것이다. 이는 학습이 형벌의 대안이 될 수 있다는 것을 보여준 사례다.

교도소를 평생교육기관으로 바라보고, 수용자의 진정한 교정교화를 위한 논의와 노력을 확대해 간다면 우리나라도 조금씩이나마 발전을 이루어 나갈 것이라 기대한다.

* * *

1980년대부터 1990년 초반까지 국가는 삼청교육대, 「사회보호법」 등의 제도를 통해 '불량배'를 순화시키고자 하였다. 이에 따라 교정교육은 폭력적이고 권위주의적인 통치 논리가 적용된 형태로 이루어졌다. 한편으로 1980년대 후반 일어난 민주화 물결은 교도소 재소자의 학습권 확대에 영향을 주기도 하였다. 이는 교정교육이 억압의 수단에서 권리를 보장하는 기회로 전환될 수 있는 가능성의 문을 열었다는 점에서 중요한 의미를 가진다.

다음 장에서는 1990년대 일어났던 IMF 등의 영향으로 교도소 운영과 교정교육이 어떻게 변화했는지를 살펴보고자 한다.

제5장

자기규율의 시대

—

문민화 이후

1993~2006년

1990년대 한국사회는 사회적 약자와 소수자의 권리에 대한 관심이 확대되었다. 여성, 장애인, 아동, 이주민 등 여러 인권 이슈가 사회 의제로 부상했고, 이러한 변화는 교정시설에도 깊은 영향을 미쳤다. 대표적으로 2001년 「국가인권위원회법」의 제정과 함께 출범한 국가인권위원회는 수용자 인권 문제를 사회적으로 공론화하는 데 중요한 역할을 하였다.

이 시기의 주요한 사건은 1997년 발생한 IMF 외환위기다. IMF 이후 범죄가 급증하며 교도소 수용률이 사상 최고치를 기록했다. 이를 해소하기 위한 대책으로 민영교도소 설치, 밀레니엄 가석방과 같은 정책이 추진되었다.

교정제도의 내적 구조에서도 큰 변화가 일어났다. 2006년 법무부에 '교육교화과'가 신설되며 수용자에 대한 실질적 교육과 인성 계발이 강조되었고, 교정교육의 체계화가 본격적으로 추진되었다. 평생교육이 확대되면서 교정시설에도 한국방송통신대학교, 전문대 위탁교육, 외국어 및 정보화교육 등 교육 접근성이 확대되었다. 문화예술교육 도입은 수용자의 감성적 치유와 재사회화 가능성을 확장하는 기회를 제공했다.

이와 같이 이 시기에는 수용자의 인권 개선을 위한 시도들이 이루어졌고, 수용자의 처우도 개선되었다. 그러나 처우의 기회가 일부 수용자에게만 제공되기도 하였다. 모범수형자를 위주로 다양한 처우의 기회가 제공되었는데, 스스로 규율을 잘 준수하는 자로서 점수를 잘 받아야 모범수형자가 될 수 있었다. 교정에 있어 이 시기는 자기규율의 시대라고 할 수 있다.

인권에 대한 관심 확대

1990년대 후반부터 여성, 장애인, 아동, 이주민 등 소수자의 권리에 대한 사회적 관심이 크게 증대되었다. 이러한 흐름 속에서 2001년 「국가인권위원회법」이 제정되어, 그해 11월 25일에 국가인권위원회가 정식 출범하였다. 이후 인권 문제가 사회적으로 중요한 논쟁거리로 부각되면서 사형제 폐지와 양심적 병역거부와 같은 주제가 활발히 논의되었다.

교정에 관련하여서는 1998년에 발간된 《한국 감옥의 현실: 감옥 인권 실태 조사보고서》[1]를 통해 수용자의 인권 상황이 드러났고, 2004년 한국형사정책연구원은 수용자의 인권 보호와 처우 개선을 위한 정책 연구를 수행하였다. 보고서에서는 과밀수용, 작업, 교육, 징벌 규제 등 다양한 문제를 다루었으며, 특히 사형제 폐지와 과밀수용 해소의 필요성을 강조하였다.[2] 이러한 논의는 교도소 수용자의 처우를 개선하는 정책적

움직임으로 이어졌다.

1990년대 후반부터 교정시설 수용자의 인권에 대한 관심이 증가하자 지상파 TV 프로그램에서도 인권에 대한 내용을 다루었다. 1998년 12월 KBS2의 〈추적 60분〉에서는 절도범 대도大盜 조세형의 교도소 내 인권 증언 취재를 기반으로 교도소 내 인권 실태에 대해 방영하였다.[3]

2006년에는 법무부 인권국이 출범하였다. 법무부 인권국은 교정시설 수용자를 포함하여 모든 사람의 권리를 보호해야 한다는 목적으로 생겨났다. 같은 해 「인권침해 사건 조사 및 처리 규칙」이 제정되었다. 제5조(인권침해신고센터)에는 "법무행정 관련 인권침해 사건의 진정 등을 접수하기 위하여 법무부 인권국에 인권침해신고센터를 설치한다"는 내용이 담겨 있다. 「인권침해 사건 조사 및 처리 규칙 시행세칙」 제7조(구금시설 수용자의 진정권)에는 "수용자가 법무부 인권침해신고센터에 법무부행정관련 인권침해에 대한 진정서 제출을 원하는 경우 그 구금·보호 시설의 장 또는 관리인은 수용자가 진정서를 작성하여 제출할 수 있도록 필요한 시간과 장소 및 편의를 제공하여야 한다"고 명시되어 있다. 인권에 대한 관심 확대는 이렇듯 교도소 수용자의 인권 향상에도 영향을 미쳤다.

이러한 흐름에서 사형폐지운동도 활발하게 이루어졌다. 1989년 5월 30일에는 서울구치소에서 사형수 교정활동을 하던 이상혁 변호사, 추영호 신부, 문장식 목사, 서성운 스님 등은 '한국사형폐지운동협의회'를 결성하였다. 1992년 8월 11일에는 김수환 추기경을 비롯한 천주교신자 86,509명이 사형폐지에 대한 결의문을 헌법재판소에 제출하기도 하였다.[4] 한국에서 1989년 사형폐지운동이 가능했던 것은 1987년 박종철 고문치사 사건과 함께 유엔총회에서 유엔인권규약상의 생명권 개념에 사형폐지를 포함하면서 각국에 사형폐지를 촉구하였던 배경이 있다. 엠네스티가 1989년을 '사형폐지의 해'로 지정하여 대대적으로 사형폐지운동을 진행했던 영향도 있다.[5] 이후 우리나라는 2007년 실질적 사형폐지국으로 분류되었다.

인권에 대한 관심의 확대는 교정 운영에도 영향을 미쳤다. 이때부터 오늘날까지 자리 잡고 있는 교정정책과 제도는 수용자 집필, 신문 열람, TV 시청, 개방교도소, 여성전용교도소, 외국인전용교도소 신설, 가족 만남의 집, 화상접견제도 등이 있다. 교정시민옴부즈만, 교정행정자문위원회 등의 기구도 1980년대와 1990년대 초반 창설되었다.[6]

IMF 외환위기와 교정환경의 변화

이 시기 우리나라에서 일어났던 중요한 사건은 IMF 외환위기다. 1997년 한국은 경제가 무너지면서 대기업과 하청업체, 중소기업이 차례로 쓰러졌다. 외환위기로 경제위기가 촉발되며 그 여파로 200만 명에 가까운 실업자가 발생하고 노숙자가 속출했다. 기업에서는 구조조정이 추진되었고, 일시직의 비중도 크게 확대되었다.

경제위기는 우리 삶에 큰 타격을 주었다. 실직, 사업 실패, 이에 따른 가족 간의 불화는 극단적 선택을 야기하였다. 원래는 정규직이었던 여성 실업자가 크게 증가하였고, 직장을 잃은 남편을 대신하여 궂은일이라도 하러 나서는 여성도 늘어났다.

IMF 이후 한국인이 얼마나 큰 어려움에 처했는지는 고통지수를 보아도 알 수 있다. 고통지수는 국민의 삶의 질을 나타내는 수치로 물가상승률과 실업률을 합한 수치에 소득증가율을 뺀 값이다. 우리나라의 고통지수는 1997년 1.5였으나 1998년에는 20.9로 14배 상승하여 OECD 국가 중 가장 고통이 큰 것으로 나타났다.[7]

IMF 이후의 특징 중 하나는 '생계형 범죄'가 급증한 것이다. 이 언표는 1994년에 처음으로 등장하였는데, 신문에서는 생계형 범죄란 "먹고 살기가 힘들어지자 식량이나 옷가지를 훔치는" 행위를 의미한다고 하였다.[8] 생계형 범죄라는 말이 사회에 퍼지기 시작한 것은 IMF 이후다. 신문에서는 "교도소가 미어터지고 있다. IMF 이후 강·절도 등 생계형 범죄의 증가로 전국 교정시설에 수용된 인원이 급증, 사상 최초로 7만 명을 넘어선 것이다"라고 하며 생계형 범죄 문제의 심각성을 언급하였다. 그러면서 〔그림 5-1〕과 같이 교도소 수용 인원이 IMF 직전인 1997년 11월에 비하여 1998년 5월에는 "초만원"을 이루고 있다고 보도하였다.

한편 일부에서는 생계형 범죄라는 언표가 난무하는 세태에 대한 비판도 있었다. 당시 신문기사에는 "이런(생계형 범죄) 동정적인 표현은 또다른 범죄를 유발할 가능성이 있다는 점에서 사용을 자제했으면 한

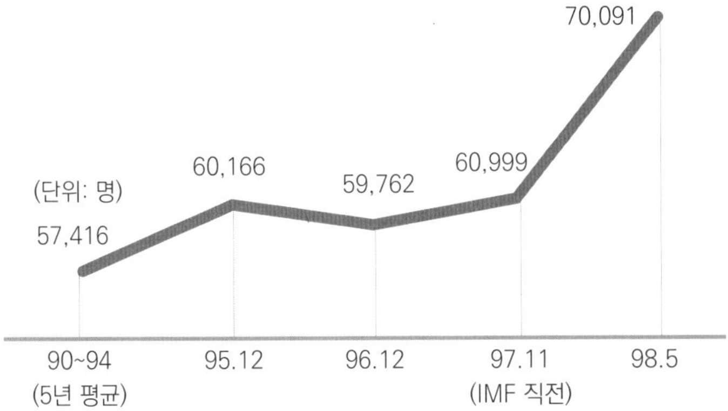

그림 5-1 IMF 전후 교도소 수용 인원 추이[9]

다. 자신의 사정이 어렵다고 하여 다른 사람을 범죄의 피해자로 만드는 것은 어떤 경우에도 합리화할 수 없다"는 의견도 있었다.[10] 이는 생계형 범죄를 심각하게 보지 않고 생계를 위해 어쩔 수 없이 저지른 것으로 여겼던 세태에 대한 비판이다.

수용 인원이 급증하며 교도소 과밀수용 문제가 지속적으로 제기되자 1990년대 말 교도소 민영화에 대한 관심이 생겨나기 시작했다. 과밀수용과 교정교화 효과의 연관성에 대한 논의 역시 이루어졌다.[11] 수용자를 교정교화해야 할 교도소가 과밀하면 오히려 범죄인을 재생산하는 것이 아니냐는 주장들이 제기된 것이다.

마침 IMF의 영향으로 정부는 재정적 위기를 극복하는 방안 중 하나로 공공 업무를 민영화하여 효율성을 증진하는 대책을 강구하던 중이었다. 이에 교도소도 민영화 방안이 제시되었다. 과밀수용을 해결할 하나의 방안인 것이다. 이러한 흐름에서 1999년 「민영교도소 설치 법률」이

국회를 통과하였고, 2000년에는 「민영교도소 등의 설치·운영에 관한 법률」[12]과 「민영교도소 등의 설치·운영에 관한 법률 시행령」[13]이 제정되었다. 2010년 민영교도소인 '아가페 소망교도소'가 개소하였다.

IMF 이후 교도소가 과밀화되자, 법무부는 가석방에 대한 지침도 새롭게 마련한다. 이는 생계형 범죄자에 대한 교정교화 방안을 제시하기보다는 가석방을 통해 교도소 과밀화 문제를 우선 해결하고자 했다는 것을 뜻한다. 지침이 발표된 후, 가석방 심사 기준이 대폭 완화되어 가석방의 숫자가 크게 증가하였다.

가석방 인원과 가석방률을 나타낸 〔표 5-1〕에서 1998년에 비해 1999년에 가석방 인원이 약 1.8배 증가한 것을 볼 수 있다. 그리고 2000년에는 가석방률이 40.6%로 당시 많은 수형자가 가석방되었음을 알 수 있다.

교정시설의 과밀수용 문제가 대두되고 가석방이 확대된 것은 당시 사회에서 인권에 대한 관심이 확대되고 논쟁이 활발하게 이루어졌던 영향도 있다. 1999년 한국형사정책학회 동계학술회의에서는 '과밀수용의 원인 및 대책'[14]에 대해 1998년 11월 30일 기준 수용밀도가 평당 2.39

표 5-1 가석방 인원과 전체 수형자 석방 인원[15] (단위: 명, %)

구분	가석방 인원	전체 수형자 석방 인원	가석방률
1998	4,790	32,387	14.8
1999	8,559	33,785	28.2
2000	8,035	19,774	40.6
2001	9,393	30,387	30.9
2002	9,605	31,092	30.9

명이라며 대책을 논의했다.

교정시설의 과밀화는 현재까지도 여전히 해결되지 않고 있다. 세계 교정 통계 자료에 따르면, 2023~2024년 기준 교정시설 수용률이 가장 높은 나라는 이스라엘(136.2%)이었고, 프랑스(130.8%), 슬로베니아(130%), 콜롬비아(127.3%), 한국(125.3%) 순으로 나타났다. 반면 일본은 47.3%로 낮았다.[16] 과밀수용은 수용자의 교정교화에도 영향을 미칠 수 있다는 점에서 시급하게 해결해 나가야 할 부분이다.

교육교화과의 탄생

2006년 2월 3일, 법무부 교정국에서 소속 기관의 직제를 변경하며 '교육교화과'가 신설되었다. 기존 교정국의 조직은 교정과, 보안 제1과, 보안 제2과, 작업지도과, 교화과, 관리과로 구성되어 있었으나, 2006년 법 개정으로 교정기획과, 보안관리과, 보안경비과, 작업훈련과, 교육교화과, 복지지원과로 재편되었다.

교육교화과는 수용자의 교육과 교화를 주요 목적으로 하여, 「법무부와 그 소속기관 직제 시행규칙」 제8조에 따라 재소자의 교육교화, 직업훈련 및 학력인정시험 등의 계획 수립을 담당하였다. 특히 교육교화과는 기존의 정신교육보다 실질적으로 도움이 되는 인성교육을 강조하는 정책적 변화를 반영하였다. 2006년 전국 교육교화과장 워크숍에서는

그림 5-2 교정행정의 중앙기구[17]

수용자의 인성교육 시행 방안을 논의하였으며, 기존의 정신교육이 형식에 그치고 실질적 교정 효과가 미흡하다는 점이 비판되었다.[18]

그러나 이러한 교정행정의 변화에도 불구하고, 교육교화과는 오래 지속되지 못하고 폐지되었다. 2009년 교육교화팀과 사회복귀지원팀이 사회복귀과로 통합된 것이다. 교정교육은 수용자의 교정교화라는 교도소의 목적과 직결되는 핵심 영역임에도 불구하고, 지금까지도 현장에서는 전문적으로 운영되지 못하고 있다. 교육을 전담하는 조직이 없다면, 수용자의 학습 요구를 진단하고 변화 가능성과 개별 필요성에 맞춘 교육과정을 설계하며 평가하는 선순환 구조를 만들 수 없다. 교정의 핵심 역할로써 교육이 제 역할을 하기 위해서는 교육 전담 팀과 전문 인력이 반드시 필요하다. 교정교육의 중요성과 필요성에 대한 인식이 확대된다면 교육 전담 부서가 다시 자리할 수 있을 것이다.

신창원 탈옥 사건

1997년 대한민국을 떠들썩하게 한 사건이 발생한다. 바로 신창원 탈옥 사건이다. 신창원은 1997년 1월 20일 부산교도소에서 탈옥한 후, 2년 6개월간의 도피 생활을 하다가 1999년에야 붙잡혔다. 이후 신창원은 '희대의 탈옥수'라는 별명으로 불리며 사회를 떠들썩하게 하였다. 인터넷 검색창에 '신창원'을 입력하면 '신창원 티셔츠'가 함께 검색될 정도로 신창원이 검거될 당시 입었던 티셔츠가 인기를 끌기도 하였다.

신창원은 검거된 후 일기를 통해 자신의 삶에 대한 이야기를 풀어놓았다. 일기에서 "재소자들이 출소 후 새 삶을 살기 위해서는 교도행정이 바뀌고 교도관들이 재소자를 바라보는 시각이 바뀌어야 한다"고 지적하기도 했다. 범행을 저지른 동기에 대해서도 적었다. 그는 범행을 저지른 것에 초등학교 담임선생님의 영향이 크다고 하였다. 담임선생님이 자신에게 착하다고 머리를 한 번만 쓸어주었으면 악마가 되지 않았을 것이라고 변명하였다.

> 지금 나를 잡으려고 군대까지 동원하고 엄청난 돈은 쓰는데, 나 같은 놈이 태어나지 않는 방법이 있다. 내가 초등학교 때 선생님이 '너는 착한 놈이다'하고 머리를 한번만 쓸어주었으면 여기까지 안 왔을 거다. 5학년 때 담임선생님이 "야, 이 새끼야, 돈도 없는 게 뭐 하러 학교 와~ 빨리 꺼져!"하고 소리쳤는데 그때부터 마음속에 악마가 생겼다.[19]

위와 같이 신창원의 일기는 한국교육과 교사 문제부터 시작하여 교정행정의 문제 등이 불거지는 계기가 되었다. 예를 들어 신문에서 "학교라는 조직 속에서 교사 이상으로 학생들에게 영향을 주는 사람은 없다. 학생에게 있어 교사는 최일선의 조언자"로서 역할을 해야 한다[20]며 학교 교사의 자질 문제를 다루기도 했다. 또한 신창원이 "가해자가 아니라 잘못된 교도행정이 낳은 불쌍한 희생자"일 수 있고, "교도소 선교 분야에 대한 역할을 다시 생각해 볼 필요"가 있다며 교정행정의 문제를 고찰할 필요성을 제기하기도 하였다.[21] 이러한 언론의 영향으로 사회에서는 신창원이 교도소에 수감되어 있는 동안 교정교화되지 못했다는 인식이 형성되었고, 이는 교정행정에까지 영향을 미쳤다.

특별수용자의 선발과 관리: 과실범 전담교도소의 운영

1998년 교도소는 특정 수용자를 분리하여 관리하는 시스템을 도입하였다. 대표적인 예로 '과실범 전담교도소'의 지정과 운영이 있다. 이는 1980년대부터 지적되어 온 '범죄대학'의 문제, 즉 교도소에서 범죄를 배우는 문제를 해결하기 위한 조치였다.

과실범 전담교도소란 말 그대로 '과실범'을 지정된 교도소에 수용하여 관리한다는 것이다. 과실범이란 일종의 모범수형자, 즉 단순 과실로 범죄를 저지른 수용자를 말한다. 이들은 다른 강력범죄자와는 차별화된 처우를 받는 것이 특징이다. 1998년 5월, 전국 3곳의 교도소(수원, 마산, 군산교도소)가 과실범 전담교도소로 지정 운영되었다.[22]

과실범 전담교도소에 수용된 수형자들은 1, 2급 모범수에 해당하는 처우를 받을 수 있었다. 예를 들어 이들은 공중전화 사용이 자유롭고, 칸막이가 없는 면회 장소에서 자유로운 면회가 가능했으며, 내부 정신 교육이나 직업훈련 대신 외부 취업 프로그램을 통한 사회 적응훈련을 받을 수 있었다.

오늘날 모범교도소라고 할 수 있는 곳으로는 개방교도소가 있다. 개방교도소는 다른 교정시설과 달리 교도소를 둘러싼 벽이 없고 외부 통근 작업과 수형자 자치제 등을 활발하게 실시한다. 우리나라 개방교도소는 1988년 11월 30일 천안에 개청하였다. 이곳에서는 우리나라 교정

그림 5-3 천안개방교도소 전경[23]

시설 중 유일하게 개방처우급(S1급)의 여성수용자를 선발하여 수용한다. 남성 수용자는 매우 소수만이 수용되어 있다.

박영두 사건과 「사회보호법」 폐지

2001년 6월 박영두 사건이 알려졌다. 대통령 소속 의문사진상규명위원회가 1984년 청송교도소에서 의문사한 박영두가 교도관들의 폭행에 의해 사망했다고 공식적으로 인정한 것이다. 박영두 사건은 삼청교육대와 교정행정의 폭력성을 드러낸 대표적인 사례로, 교정시설 내 수용자의 인권 문제를 사회에 환기시키는 계기가 되었다.

박영두는 1980년 25세의 나이에 계엄군에 의해 불량배로 간주되어 삼청교육대로 끌려갔다. 그는 평범한 시민이었지만 재범의 위험이 있다는 이유로 보호감호 2년형을 선고받고 화천의 육군감호소에 수감되었다. 박영두는 감호소 내에서 수용자 처우 개선을 요구하며 수용자를 대표해 활동하였다. 이로 인해 집단난동 선동 혐의로 징역 15년을 선고받아 청송감호소로 이송되었다. 1984년, 그는 몸 상태가 좋지 않다고 의무과로 이송하기를 요청했으나, 지하 조사실로 끌려가 가혹행위를 당했고 결국 사망하였다. 2001년에 이르러서야 박영두는 의문사진상규명위원회에 의해 민주화운동 공로자로 인정받았다. 2001년 국정감사에서는 박영두 사건에 대해 다음과 같이 말하였다.

이것이 지난 83년도에 청송교도소에서 있었던 일입니다. 전두환 정권 출범 초기에 박영두 씨는 삼청교육대에 억울하게 끌려갔다가 거기서 무슨 소동이 일어나서 징역 15년 받아서 청송으로 옮겨졌다가 결국 재소자들하고 같이 교도소 처우를 요구하고 이러다가 집단폭행 가혹행위로 된 사건입니다.

그래 가지고 같은 재소자들이 억울하게 죽은 박영두 사건을 규명하기 위해서 심지어는 재소자들이 85년도에, 그러니까 이 사건이 일어나고 2년 뒤에 집단 난동을 일으킵니다. 교도관 8명을 인질로 삼아 가지고 72시간을 교도소 안에서 난동을 부립니다. 그래서 72시간 만에 결국 진압은 했는데 사실 이쯤 되면 이것이 징벌로 끝날 일이 아니라 기소할 일이지요. 그러니까 재소자들은 이렇게 난동을 일으키면 우리가 틀림없이 기소되어서 재판에 나갈 것이다, 그러면 그때 한번 우리가 이것을 폭로하고 규명하자, 그래서 했다는 것입니다. 그런데 교도소 측에서는 그것을 두려워해서 징벌만 하고 끝내고 말았습니다.[24]

박영두 사건 이후 '전국 5·6공 피해자협의회'가 결성되었고, 사회적으로 삼청교육대 피해 보상 및 사회보호법 폐지운동이 활발히 전개되었다. 사회보호법 폐지운동은 교도소 안팎에서 동시에 진행되었다. 2003년 5월 23일부터 청송제2보호감호소에서는 수용자 100여 명이 12일간 단식농성을 벌이며 사회보호법 폐지를 요구하였다. 이는 2002년에도 세 차례에 걸쳐 이루어진 바 있다.

그림 5-4 교정시설에서 「사회보호법」의 적용 모습[25]

2000년대 초 「사회보호법」의 문제점이 본격적으로 다루어지기 시작하였다. 「사회보호법」에 따라 수용된 자들은 실질적으로 이중처벌이 부과된다는 것이다. 또한 상습범죄자의 개선 및 사회복귀라는 명분하에 장기간 구금하였으나, 이는 오히려 수용자의 반사회화를 촉진하고 높은 재범률을 야기하여 법의 본래 목적을 상실했다는 비판이 많았다. [그림 5-4]는 「사회보호법」이 적용된 교도소의 모습을 묘사한 것이다. 교도소에서 석방이 가능한 수용자여도 "다시 사회에 적응하려면 교화의 시간을 가져야" 한다며 보호감호소에 또다시 감금되는 모습을 표현하였다.

「사회보호법」은 많은 비판 끝에 2005년 8월 4일 폐지되었다. 이에 따라 기존 청송보호감호소는 청송제3교도소로 명칭이 변경되었다. 그러나「사회보호법」폐지 전에 이미 확정된 보호감호 판결의 효력은 유지된다는 내용이 남아 있어 보호감호자는 2010년 이후까지도 존재하였다.

가족 만남의 집과 요나 콤플렉스: 열린 교정 프로그램의 도입과 교정교화에 대한 두려움

교도소에서 오랜 시간 수형생활을 하는 수형자들이 가장 힘들어하는 것 중 하나는 바로 가족과의 단절이다. 가족과 함께 보낼 수 있는 시간이 부족하기 때문에 많은 수형자가 가족과 함께할 수 있는 프로그램을 원한다. 이를 해결하기 위해 1999년부터 '가족 만남의 집'이라는 프로그램이 시작되었다. 이 프로그램은 수형자의 가족애와 가족관계 회복을 돕기 위한 목적이 있다. 초기에는 '부부 만남의 집'이라는 명칭으로 시작되었으나, 2003년 10월부터는 가족 단위로 확대되어 가족 만남의 집으로 명칭이 변경되었다.

가족 만남의 집은「부부 및 가족 만남의 집 운영지침」[26]에 따라 1999년 6월부터 대구·대전·안양·광주교도소에서 운영을 시작하였다. 참여 대상은 5년 이상의 모범수형자로 한정되었다. 수형자는 가족과 함께 1박 2일 동안 교도소 외부에 마련된 공간에서 지낼 수 있다. 이 공간은 침실 2개, 거실, 부엌이 갖춰진 15평 규모의 단독주택 형태로 구성되었다.

2024년에 개정된「형의 집행 및 수용자의 처우에 관한 법률 시행규

그림 5-5 가족 만남의 집 전경[27]

칙」[28] 제89조에 따르면, "개방처우급 또는 완화경비처우급 수형자는 '가족 만남의 날'에 참여"할 수 있으며, "교화를 위하여 필요한 경우 일반경비처우급 수형자"도 예외적으로 참여할 수 있다. 이는 수형자의 교화와 재사회화를 촉진하는 중요한 기회로 작용한다.

이와 유사한 프로그램으로 2007년에 도입된 '가족사랑캠프'가 있다. 캠프는 용서와 화합을 주제로 다양한 프로그램을 제공하며, 전문가 상담과 함께 가족 간의 소통을 돕는다. 코로나19로 인해 잠시 중단되었으나 현재 다시 운영되고 있다. 2024년 5월 제주교도소에서는 가족 레크리에이션, 편지 쓰기, 아로마 테라피 등 다양한 활동이 진행되었다.[29]

교정교육은 수형자가 긍정적으로 변화하기를 기대하며 이루어진다. 그러나 한편으로 교정교육은 수형자에게 요나 콤플렉스를 갖게 하기도 한다. 요나 콤플렉스란 실패에 대하여 두려움을 가져 스스로 성장하기를 포기하는 것을 말한다.[30] 예를 들어 가족 만남의 집의 경우, 수형자는 오랫동안 수형생활을 하다가 가족을 만나면 반가운 마음이 들어 개선과 변화의 의지가 생기지만, 나중에 출소해서 자신이 개선된 사람이 되지 못하거나 다시 갈등과 불화를 가져올까 봐 두려움을 갖는 것이다. 즉, 교정교육은 수용자의 교정교화를 목적으로 좋은 취지에서 시작하지만, 정작 수용자들은 참여를 주저한다.

교도관 연구참여자는 수용자가 교정교화를 두려워한다며 필자에게 사진을 한 장 보여줬다. 사진에는 한 아이와 어른이 문밖을 나가는 장면이 찍혀 있었다. 연구참여자는 우즈베키스탄의 타슈켄트 중증장애 고아원에서 찍은 사진이라고 하였다. 사진 속의 아이는 수두증 등으로 걷기 어려운 상태여서 고아원 밖을 나가기 어려워했다고 한다. 고아원 밖이 밝다는 것을 알지만 두려움을 가지고 있어 선뜻 나가지 못하고 있던 것이다. 이에 한 교사가 아이가 밖으로 나갈 수 있게끔 인형으로 관심을 끄는 모습을 사진에 담은 것이다.

교도소 수용자에게도 마찬가지로 자신의 긍정적 변화를 의미하는 빛은 "공포의 대상"일 수 있다. 수용자들은 요나 콤플렉스로 인해 스스로 변화하는 것을 두려워한다. 교사가 인형을 들고 아이가 밖으로 나갈 수 있게 하는 것과 같이 교도소에서도 "수용자들을 변화의 길로 인도하는 간식과 교육"이 있다. 그러나 수용자는 "처음에는 간식 때문에 나와서" 참여하지만, 자신이 변화된다고 느끼기 시작하면 교육을 거부한다고 한다. 교육 이후 자신의 변화를 어떻게 이어나갈지 몰라 두려움이 생기기 때문이다.

이와 같이 교정교육은 수용자를 빛으로 이끈다. 그러나 교육이 일회성에 그치거나 출소 후에는 이루어지지 않기 때문에 수용자는 교정교화에 두려움을 가져 온전하게 재사회화를 이루기는 어려운 상황이다. 앞으로 교정교육은 일회성이 아닌 장기적으로 이루어져야 한다. 수용자가 출소 이후에도 지속적으로 교육받을 수 있도록 지원이 필요하다.

석방예정자 생활지도교육의 도입 및 「수형자 등 교육규칙」 개정

1990년대 중반 교정교육에는 새로운 변화가 생겼다. 1994년 12월 7일에는 만기 석방예정자의 출소 전 교육 계획을 수립하였다. 이를 통해 출소 1개월 전의 석방예정자를 대상으로 1일 8시간씩 3일 과정으로 생활지도교육을 실시하였다. 교육내용은 출소자가 사회에 잘 적응할 수 있도록 취업 등에 대한 상담을 포함하여 준법교육 및 자아반성 등으로 이루어졌다. 석방예정자 생활지도교육의 내용은 〔표 5-2〕와 같다.

출소를 앞둔 수용자를 대상으로 한 교육은 앞서 언급했던 것과 같이 단기적이고 일회성에 그쳐 한계가 있다. 오랜 기간 교도소에서 생활했던 출소자들은 급변한 사회에서 스마트폰 사용이나 디지털화된 은행 업무를 처리하는 데에 어려움을 겪기도 한다. 출소 후 생활 자립을 위한

표 5-2 석방예정자 생활지도교육[31]

구분	교육과목	시간
정신교육 (10시간)	- 출소자 정신자세 - 신앙과 인간생활 - 갱생 성공사례 및 나의 결의 - 바람직한 인생관 등 참되게 사는 길 - 반성토론회 및 교육소감문 징구	2 2 2 2 2
생활지도교육 (10시간)	- 취업정보 및 출소 후 생활대책 상담 - 주민등록, 주택임대차, 교통수단 등 생활양식 - 교통안전교육 및 위생업소 이용 등 - 의학상식(성병, AIDS 예방책, 담배·히로뽕의 해독 등) - 상담, 건전가요 등 레크리에이션 지도	2 2 2 2 2
기타 (4시간)	- 출소 후 생활지도 - 귀휴, 사회견학, 합동접견 실시	4

교육은 지속적이고 다양하게 이루어져야 할 것이다.

1995년에는 「수형자 등 교육규칙」을 개정하였다. 이는 학과교육을 일반 학과교육과 방송통신고등학교 교육 및 방송통신대학교 교육으로 구분하고, 각 과정별로 교육대상과 교육과목 등 교육에 필요한 사항을 규정하였다. 특히 일반 학과 교재는 법무부장관이 발간하는 공통 교재를 사용하는 것을 원칙으로 하고, 공통 교재가 없다면 교육부 검·인정 도서나 해당 교육에 적합한 참고서 등을 사용할 수 있다는 규정이 추가되었다.

이전까지는 교정시설에 공통된 교재가 없어 각 기관마다 다른 형태의 학습 자료를 사용하였다. 또한, 교정시설 교육과정이 1년이었기 때문에 문교부 검·인정 도서를 사용하는 것은 수용자 학과교육의 현실에 맞지 않았다. 이러한 문제를 해결하기 위해 문민정부는 '행정쇄신위원

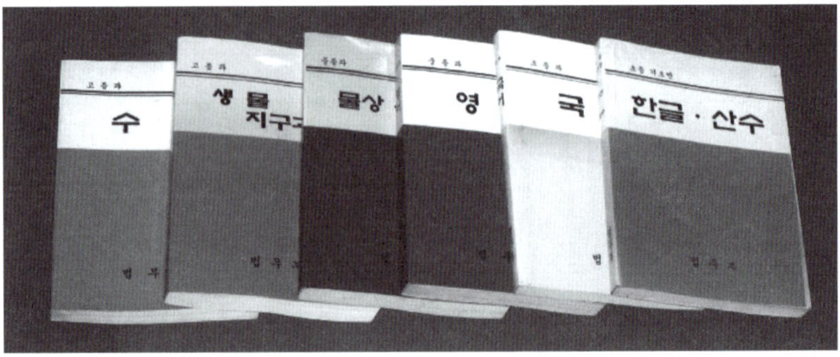

그림 5-6 학과교육 전문교재[32]

회'를 구성하여 현실을 반영하지 못한 교재의 문제를 보고하였다. 이에 1994년 11월 15일부터 1995년 12월 31일까지 법무부 교화과에서는 '학과교육 교재 편찬반'을 구성하여 총 24과목의 교재를 편찬하였다.

고등교육 도입

교도소 안에서 수형자는 대학 수준의 교육을 받을 수 있다. 1990년대 후반부터 교정시설에서 수형자가 고등교육을 받을 수 있는 제도들이 도입되었다. 대표적인 것이 독학학위제와 한국방송통신대학교이다.

독학학위제는 1995년 대전교도소 등 11개 교정기관에서 법학, 국어국문학, 영어영문학 등 9개 전공의 학사고시반을 설치하며 시작되었다. 해당 과정의 수형자들은 교육기기를 지급받아 학습할 수 있다. 1996년에는 3명의 학사가 배출되었고, 이후 2004년에는 22명, 2005년에는 20명,

2006년에는 30명이 독학학위를 취득하였다.[33]

한국방송통신대학교는 2004년 여주교도소에서 처음 운영되었다. 2004년 3월 10일, 여주교도소에 최초의 방송통신대학교 분교가 설립되었고, 29명의 모범수형자가 법학과 등 10개 학과에 입학하였다. 이후 2005년 전주교도소, 2006년 청주여자교도소, 2007년 포항교도소 등으로 분교가 확대되었다. 수형자는 컴퓨터가 설치된 강의실에서 온라인 강의를 듣거나, 각 지역본부 교수진의 출석수업, 출석대체시험 등을 통해 학습한다. 최근 방송통신대학교 과정의 수형자는 2022년 90명, 2023년 86명, 2024년 80명이었다.[34]

교도소와 전문대학이 협약을 맺어 위탁교육도 제공하기 시작하였다. 2001년 청주교도소가 청주 주성대학과 위탁교육협약을 체결하면서, 전국의 모범수형자 40명을 선발해 전자상거래과 교육을 시작하였다.

그림 5-7 한국방송통신대학교 과정 교육[35]

2002년 순천교도소가 순천 청암대학과 협약을 맺고 호텔외식조리과 교육을 운영했으며, 2005년에는 천안소년교도소가 백석대학과 협력해 사회복지과를 개설하였다. 전문대학 위탁교육은 수형자의 취업 희망 사항을 반영해 개설되었다. 등록금의 50%는 학교 측에서 장학금으로 지원하고, 나머지는 수형자가 자비로 부담한다. 2008년 청주 주성대학에서 18명, 순천 청암대학에서 21명의 수형자가 전문학사 학위를 취득하였다.[36] 이후로도 매년 50명 내외의 수형자가 교도소와 전문대학 위탁교육으로 학위를 꾸준히 취득하고 있다. 2022년 51명, 2023년 42명, 2024년 52명의 수형자가 전문학사를 취득하였다.

현재까지도 수형자 고등교육은 장기수 혹은 모범수형자만을 대상으로 운영한다. 향후 고등교육의 기회가 더 많은 수용자에게로 확대된다면, 이들의 재사회화와 재범 방지에 큰 도움이 될 것이다.

그림 5-8 수형자 전문학사 학위수여식[37]

외국어·컴퓨터교육의 시작과 문화예술교육 도입

1999년부터 교도소에서는 외국어 전문교육이 시행되었다. 1999년 10월 의정부교도소에 어학실습실을 설치하여 영어와 일본어교육을 실시한 것을 시작으로 2001년 여주교도소, 2002년 목포교도소, 2011년 영월교도소에 중국어과정을 개설하여 각 과정마다 선발된 20~30명의 교육생에게 교육을 제공하였다. 목포교도소는 교육생 부족으로 2012년 12월에 교육을 폐지하였다.

지식정보화사회가 도래하며 2000년부터는 일부 교도소에서 정보화교육도 시행되었다. 기초·초급·중급·고급반 등으로 나눠 워드프로세서, 인터넷 등 컴퓨터교육을 실시하였다. 2001년에는 당시 김대중 대통령이 정보화 취약계층에게 교육을 제공할 것을 지시하였다. 정보화 취약계층에는 교도소 수용자를 포함하여 노인·장애인 등이 포함되었다. 2003년 8월에는 「수용자 정보화교육 규정」[38]에 따라 정보화교육이 확대 실시되었다.

2000년대 초반부터는 한국 교정시설 내에 문화예술교육이 본격적으로 도입되었다. 교도소 수용자를 포함한 취약계층에 대한 문화예술교육의 필요성은 1990년대 말에 이르러 인식되기 시작했다. 국제적으로도 1997년 유네스코 제5차 세계성인교육회의에서 교도소 수용자는 취약계층으로 명시되었으며, 노인, 이주민, 집시, 피난민, 장애인과 함께 성인학습 대상자로 포함되었다.[39]

문화예술교육이 사회 전반에 확산되기 시작한 것은 2003년이다. 그 해 7월 교육인적자원부와 문화관광부는 인적자원개발회의에서 '지역사회 문화기반시설과 학교 간 연계체제 구축을 통한 문화예술교육 활성화 추진계획'을 발표하였다.[40] 2004년 2월, 문화관광부는 전담 부서인 '문화예술교육과'를 신설하였고, 같은 해 11월 25일 교육인적자원부와 함께 '문화예술교육 활성화 종합계획'을 발표하였다. 2005년 2월에는 문화예술교육진흥원이 설립되었다. 이후 교도소 수용자를 포함하여 탈북자, 국제결혼여성 등을 대상으로 하는 사회문화예술교육이 본격화되었다. 이는 사회적 취약계층에 문화예술교육 프로그램을 지원하는 것이 주요 목표였다.

이를 위해 문화관광부는 법무부를 비롯한 다양한 부처와 협력하여 소외계층을 위한 문화예술교육을 제공하였다. 2005년 8월 29일, 문화관광부와 법무부는 '사회적 취약계층에 대한 문화적 지원 추진'을 주제로 업무협력합의서MOU를 체결하였다. 이는 교정시설 내에서의 문화예술 프로그램 개발, 교정시설의 문화적 환경 조성, 비행청소년을 위한 순화 프로그램 운영 등 구체적인 계획으로 이어졌다.

2005년 이후 교정시설 내에서는 한국문화예술교육진흥원의 지원을 통해 음악, 미술, 국악과 같은 다양한 프로그램이 제공되었다. 그러나 예산과 정책의 변화로 이러한 프로그램의 규모와 중요성은 점차 약화되었다. 그럼에도 불구하고 문화예술교육은 여전히 교정교육의 중요한 일환으로 인식되고 있으며, 이와 유사한 프로그램이 다수 수행되고 있다.

처우의 확대: 자기규율 주체로의 변화

이 시기 수용자의 처우가 확대되었다. 1997년 모든 수용자에게 TV 시청을 허용했고, 1998년에는 모든 수용자가 신문 구독을 할 수 있었다. 그러나 여전히 교정시설에서 많은 처우는 일부 모범수형자에게만 제공되었다. 예컨대 1999년에 시작된 '부부 만남의 집'이나 1990년대 후반 확대된 학과교육은 모범수형자를 대상으로 시행되었다. 따라서 교도소에서 수형자들은 모범수형자가 되고자 노력한다.

모범수형자가 되기 위해서는 점수를 잘 받아야 하는데, 이는 소내 규율과 규칙을 잘 준수해야만 가능하다. 일부 수용자 중에는 교도관에게 잘 보이려고 노력하는 자도 있다. 교도소 생활을 할 때 아무 문제를 일으키지 않아야 하는 것이다. 말하자면 이들은 스스로 규율하는 자인 자

그림 5-9 모범수형자 이미지

기규율 주체가 되어야 한다.

개인에 대한 규율Discipline은 인간을 복종하는 신체Subjugated body로 만든다.[41] 교도소의 앞선 처우와 같이 모범수와 특정 관리 대상을 구분하는 등의 제도는 수용자를 자기규율 주체로 만든다.

학습권이 제한된 수용자

이 시기에 교정교육이 확대되었지만, 모든 수용자가 교육에 참여할 수 있는 것은 아니다. 우선 형이 확정되지 않은 미결수용자는 거의 모든 교육에서 제외된다. 우리나라 대부분의 교정교육은 형을 집행받는 자인 수형자만 참여할 수 있다. 그러나 수형자도 일부 교정교육에 참여하기 위해서는 일정한 기준을 충족해야 한다. 「형의 집행 및 수용자의 처우와 관한 법률 시행규칙」[42] 제103조는 교정교육 대상자가 선발되는 과정을 명시하고 있다. 이에 따르면 교육 대상자는 교정 성적, 정신자세, 성실성, 교육 계획과 시설의 규모 등을 고려하여 선발되며, 이러한 기준을 충족한 모범수형자만이 교육 기회를 얻을 수 있다.

특히 고등교육의 경우 형기 3분의 1이 지나고, 최소 2년 이상의 형기를 남긴 수형자만이 참여할 수 있다(제110~113조). 또한 개방처우급, 완화경비처우급, 일반경비처우급의 수형자만이 고등교육, 정보화교육, 외국어교육과정에 지원할 수 있으며, 중경비처우급 수형자에게는 이러한 기회가 제한된다. 이는 장기수 위주의 모범수형자에게만 교육 기회가 제공된다는 것을 뜻한다.

고등교육의 학과 선택 또한 제한적이다. 예를 들어 국어국문학, 영어영문학, 법학 등 일부 전공만이 교도소에서 제공되어, 이 외의 특정 학문을 선택하고자 하는 수형자는 제한을 받을 수 있다.

고등교육이 제한되는 것은 탈옥수 신창원이 한 말에서도 알 수 있다. 그는 교도소에서 상담심리학을 전공하고 싶었지만 교도소에서 선택할 수 있는 학과가 제한되어 있어서 국문학을 전공하였다고 한다.

> 그(신창원)는 원래 상담 심리학을 전공하려 했다. "심리학을 통해 나와 동료들의 지난 삶을 들여다보고 문제점을 치유해 보고 싶었기 때문"이라고 한다. 그래서 철저하게 망가진 자신의 삶을 해부하고 분석해서 문제점을 찾는다면 많은 재소자들에게 도움이 될 수 있다고 생각했기 때문이었다. 그러나 현실은 그의 뜻대로 가고 싶게 놓아 두지 않았다. 교도소 수용자가 대학 공부를 할 수 있는 충북 청원의 주성대나 전남 순천의 청암대는 상담 심리학 전공을 개설하지 않았다. 또 방송통신대는 간간이 출석 수업을 해야 하는 걸림돌이 가로막았다. 교정 당국이 탈옥 무기수인 그에게 이를 허락한다는 것은 좀처럼 생각하기 어려웠다. 뿐만 아니라 재소자가 재소자를 상담하는 것도 난센스로 비춰질 수 있다는 점도 난관이었다. 그도 이런 현실을 잘 알고 있었다. 결국 환경적 여건 때문에 궤도를 수정, 국문학을 택했다.[43]

교정교육은 교정교화가 필요한 자에게 제공해야 한다. 그러나 오히려 변화가 필요한 자를 배제하는 모순이 발생하고 있다. 교정교육의 목적이 수용자의 재사회화에 있다는 점에서 교육 기회는 더욱 확대될 필요가 있다.

수형자의 학습권 중 읽을 수 있는 권리도 제한된다. 예컨대 1998년 「수용자 신문열람 지침」[44]이 개정된 후 징벌 집행 중이거나 규율 위반으로 조사 중에 있는 수용자를 제외하고는 모든 수용자에게 신문 열람이 허용되었다. 그러나 신문의 종류는 국내에서 발간되는 일간신문으로 제한하였고, 월 3종 이내로 열람이 가능하였다. 또한 「수용자 신문열람 지침」 제9조에 "수용질서를 교란할 우려가 있는 기사"를 삭제할 수 있음을 명시하여 수용자에게 일부 기사를 삭제하여 제공하였다.

이러한 제한은 수용자의 기본권 침해로 여겨져 헌법소원으로 이어지기도 했다. 1998년 수용자가 특정 신문 구독을 신청했으나 불허된 사건으로 헌법소원심판이 청구되었다. 그러나 구금시설의 상황상 제한은 불가피하다는 이유로 기각되었다.

1998년 이전까지 신문 등을 제한한 것에서 교도소에서 수용자의 학습내용을 통제했다는 사실을 알 수 있다. 학습내용을 통제하는 것이 '교육적'이라고 여겼기 때문이다. 이는 수용자를 위한 교육 혹은 학습이란 무엇인지에 대하여 깊이 있게 생각해 볼 필요가 있음을 말해준다.

* * *

이 시대는 IMF의 영향으로 교도소 인원이 과밀수용 상태였다. 이를 해결하기 위한 한 가지 방법으로 2001년 민영교도소인 아가페 소망교도소가 개소하였다. 또한 이 시대에는 인권 향상이 이루어지면서 교정교육도 확대되기 시작하였다. 법무부 교육교화과 신설, 방송통신대학교 및 전문대학 위탁교육, 정보화 및 외국어교육, 문화예술교육 도입 등은 수용자에게 새로운 학습의 기회를 제공하였다. 그러나 교육 기회는 주로 모범수형자를 중심으로 제공되어, 스스로 규율을 잘 지키는 자만 교육을 받을 수 있다. 이는 '모든 이를 위한 교육'을 중시하는 평생교육의 가치와는 괴리가 있다. 앞으로의 교정교육은 순응과 복종을 유도하는 도구가 아니라, 인간 존엄과 자유의 가능성을 여는 열쇠여야 할 것이다.

2000년대 중반 이후는 성폭력담론이 확대되면서 교정교육이 변화하게 된다. 다음 장에서는 이러한 담론과 사회적 사건의 영향으로 교정환경 및 교정교육에 어떠한 변화가 있었는지를 다룬다.

제6장

치료의 시대

2007~2013년

2007년부터 2013년까지는 성폭력담론이 확대되면서 교정에 치료가 적극적으로 도입된 시기다. 2007년 법무부 교정국이 교정본부로 승격되었고, 조직의 확대는 운영의 변화로 이어졌다. 또한 성폭력 이슈가 사회를 뒤덮었다. 경제위기 이후 여성담론이 부상하던 분위기에서 2008년 조두순 사건, 2010년 김길태 사건이 일어난 것이다. 사건 이후 성폭력범에 대한 통제가 더욱 강화되었고, 관련 법과 제도가 다수 제정·시행되었다.

성폭력범에 대한 불안이 커지자 사회에서는 이들을 치료해야 한다는 목소리가 높아졌다. 그러자 이들을 약물치료하겠다는 내용의 법이 제정되었다. 교도소에서는 성범죄자를 대상으로 한 치료나 상담 프로그램이 본격적으로 실시되기 시작하였다. 성범죄 프로그램에 대한 효과를 규명한 연구가 이루어지자 치료·상담 프로그램은 일반수형자를 대상으로도 확대되었다. 이후 교도소의 많은 교육 프로그램은 치료나 상담이라는 이름으로 운영되고 있다. 교도소 수용자를 치료의 대상으로 인식하기 시작하였다는 점에서 이 시대를 치료의 시대라고 부르고자 한다.

교정본부로의 승격

이 시기는 교정의 역사에 있어 중요한 시기이다. 2007년 법무부 교정국이 교정본부로 승격되고, 「행형법」이 전부개정되었기 때문이다. 구체적으로 2007년 11월 30일 법무부 교정국은 교정본부로 승격되면서 조직이 확대되었다. 그러면서 과課는 6과에서 9과로 늘어났다. 기존의 교정기획과, 보안관리과, 보안경비과, 작업훈련과, 교육교화과, 복지지원과에 사회복귀지원과, 분류처우과, 보건의료과가 증설되었다.

2008년 3월 3일에는 법무부 교정본부의 과에서 팀으로 명칭이 변경되었다. 교정기획과는 교정기획팀으로, 보안관리과는 수용기획팀, 보안경비과는 경비정책팀, 작업훈련과는 근로직능개발팀, 교육교화과는 교육교화팀, 복지지원과는 복지후생팀, 사회복귀지원과는 사회복귀지원팀, 보건의료과는 의료처우팀, 분류처우과는 분류처우팀으로 변경되었다.

이명박 정부 출범 이후 2009년 팀은 다시 과로 변경되고, 9개에서 7개로 축소된다. 팀이 축소된 것은 2008년 이명박 정부에서 조직개편을 통해 종전의 18부 4처 18청을 15부 2처 18청으로 축소한 영향이었다. 당시 조직개편으로 전체 중앙부처에서 8개 국·관·단, 235개 과·팀이 축소되었다. 축소·변경된 교정본부의 과는 다음과 같다. 교정기획팀은 교정기획과로, 수용기획팀과 경비정책팀은 보안과로, 근로직능개발팀은 직업훈련과로, 교육교화팀과 사회복귀지원팀은 사회복귀과로, 복지후생팀은 복지과로, 의료처우팀은 의료과로, 분류처우팀은 분류심사과로 변경되었다. 이때 교육교화팀이 사라졌고, 현재까지도 교정교육을 전문적으로 맡는 조직은 부재하다.

2025년 현재는 교정기획과, 직업훈련과, 사회복귀과, 복지과, 특별점검팀, 교정정보 빅데이터팀, 보안과, 분류심사과, 의료과, 심리치료과, 마약사범재활팀으로 구성되어 운영되고 있다.

「형집행법」의 전부개정과 학습권의 확대

2007년 12월 21일에는 「행형법」이 「형의 집행 및 수용자의 처우에 관한 법률」(이하 「형집행법」)로 전부개정되었다. 「형집행법」은 국가가 수용자의 권리와 자유를 제한하는 범위와 한계를 분명하게 하여 수용자에게 허용되는 권리와 자유의 범위를 확립했다는 의의가 있다. 법을 개정한 이유는 수용자의 인권 신장과 수용자 관리의 과학화에 있다고 명시하였다.

> 교정관계 법령이 인권존중의 시대적 요구에 미흡하다는 비판이 각계에서 제기됨에 따라, 수형자·미결수용자 등 교정시설 수용자에 대한 차별금지 사유의 확대, 여성·노인·장애인 수용자에 대한 배려, 미결수용자에 대한 처우 개선, 서신검열의 원칙적인 폐지 등으로 수용자의 기본적인 인권 및 외부교통권이 보호될 수 있도록 하고, 수용자별 처우계획의 수립, 수용장비의 과학화, 보호장비의 개선, 징벌종류의 다양화 등으로 수용관리의 효율과 수용자의 사회적응력을 높일 수 있도록 하며, 그 밖에 청원제도 등 현행 제도의 미비점을 개선하여 수용자의 인권 신장과 수용관리의 과학화·효율화 및 교정행정의 선진화를 이루려는 것임.[1]

개정의 주요 내용 중에는 서신 검열제도와 집필 사전허가제 폐지에 대한 내용도 있다. 이전에 수용자는 서신을 검열받아야 하고, 교정시설장의 허가를 받아야만 문학과 학술 등을 집필할 수 있었다. 그러나 이것이 폐지되었다. 법의 개정을 통해 학습권 확대가 이루어진 것이다.

신문과 도서 열람의 권리도 확대되었다. 「행형법」이 시행되었던 시대에는 제33조(신문·도서의 열람)에 따라 수용자가 자비로 부담하여 신문이나 도서의 구매 및 열람을 신청할 수 있었다. 또한 도서의 내용이 안전과 질서를 해하거나 교화상 부적당하다고 인정되지 않을 때에 한해

허가받을 수 있었다.

그러나 2008년 법이 개정되면서 제46조(도서비치 및 이용)에서 "소장은 수용자의 지식함양 및 교양습득에 필요한 도서를 비치하고 수용자가 이용할 수 있도록 하여야 한다", 제47조(신문등의 구독)에서 "수용자는 자신의 비용으로 신문, 잡지 또는 도서의 구독을 청"할 수 있다고 하였다. 제한하는 책의 경우 "소장은 「출판문화산업 진흥법」에 따른 유해간행물인 경우를 제외하고는 구독을 허가하여야 한다"고 구체적으로 명시하였다. 「형집행법」이 개정·시행된 것과 동시에 제정된 「형의 집행 및 수용자에 관한 법률 시행규칙」[2]에서도 구체적으로 수용자가 소지할 수 있는 신문은 월 3종, 잡지 등 도서는 월 10권으로 제한한다고 규정하였다.

그러나 현실에서는 여전히 많은 논란이 있다. 수용자의 읽을 수 있는 권리를 어디까지 허용해야 하는가에 대한 의견이 분분하다. 또한 교정 현장에서는 읽을 수 있는 권리에 대한 수용자의 고소와 고발도 많다. 다행인 것은 시대의 흐름에 따라 수용자의 읽을 수 있는 권리가 확대되어 간다는 점이다. 예컨대 2014년 미결수용된 마약류사범의 신문 구독을 구치소장이 거부한 일에 대한 판결에서[3] 신문의 종류 자체를 제한하는 것은 위법하다는 판단이 내려졌다. 2018년에는 《누드스토리》라는 잡지 교부가 거부된 것에 대한 재판이 이루어졌다.[4] 잡지의 내용과 종류를 제한한 것은 상위 법령의 위임 범위를 벗어난 것이기에 위법하다는 판단이 내려졌다.

수용자에게 독서와 같은 학습은 교정교화에 있어 중요하다. 그러나 그 범위를 어디까지 인정해야 하는지는 여전히 논쟁의 대상이다. 중요한 점은 진정한 교화와 사회복귀를 위한 학습이 무엇인지, 어떻게 제공해야 하는지에 대한 깊은 고민이 필요하다는 점이다.

수용자 인권의 확대와 수용자 마음 달래기

한때 한국사회에서는 '맞아야 정신을 차린다'는 말이 흔하게 사용되었다. 체벌이 당연했던 시절에는 가정이든 학교든, 심지어 교도소에서도 물리적인 폭력이 쉽게 용인되었다. 그러나 2000년대부터 인권 의식이 높아지면서 이러한 분위기는 급변하였다. 그러면서 물리적 폭력은 제재의 대상이 되었다.

교정시설에서도 가혹행위가 줄어들었다. 대신 고소와 고발이 새로운 방식의 저항 수단으로 등장하였다. 수용자들은 억울한 처우를 당했을 때 주먹 대신 법을 이용하기 시작하였다. 교도관이 한마디라도 실수하면 "국가인권위원회에 진정 넣겠습니다"라는 말을 쉽게 들을 수 있는 시대가 되었다.

수용자의 고소, 고발 등이 증가한 배경을 좀 더 자세히 살펴보면, 1990년대 후반 국민의 알 권리가 확대된 영향이 있다. 정부는 국민의 알 권리를 확대하고 국정 운영의 투명성을 높이기 위해 1996년 「공공기관의 정보 공개에 관한 법률」을 제정하였고, 1998년부터 공공기관이 보유하고 관리하는 정보를 국민에게 공개하였다.

교도소에서는 2002년부터 정보공개청구제도를 도입하여 운영하였다. 이후 수용자의 정보공개청구 건수는 꾸준히 증가하였다. 2008년 법무부 전체 정보공개청구 14,584건 중 교정기관이 차지한 정보공개청구는 12,895건(88.4%), 전체 취하 건수는 2,672건(20.8%)이었다. 2023년에는 법무부 전체 57,248건 중 교정기관이 39,581건(69.1%), 전체 취하 건수 19,711건(49.8%)이었다.

수용자가 국가인권위원회에 진정을 제기한 건수도 증가하여 해마다 약 4천 건에 달한다. 수용자의 교정공무원에 대한 고소, 고발도 많이 발생하고 있다. 그러나 대부분은 각하되거나 사건 자체가 불성립하여 종결처분된다. 무혐의 사건도 1/4 정도를 차지할 정도로 많다.

이와 같이 과거와 달리 수용자들은 직접 교도관을 고소하거나 고발하는 방법을 택하기 시작했다. 그러나 청원이 처우에 반영된 것은 4.5%에 불과하였다.[5] 수용자의 국가인권위원회 진정 현황에서도 권고가 된 진정은 0.24%에 불과하고, 교정공무원을 고소, 고발한 것에서도 무혐의 혹은 각하된 건수가 약 80%에 달한다. 많은 수용자가 자신의 편의를 위해 '골탕 먹이기' 식으로 교도관을 고소, 고발하는 것이다. 실제 피해를 해결하기 위함이 아닌, 교도관을 견제하고 압박하는 수단으로 고소와 고발을 이용하고 있다고 해석할 수 있다.

수용자의 고소, 고발이 급증하자 교도관은 수용자의 마음을 달래는 노력을 하기도 한다. 인터뷰에 따르면 과거 교도소에서는 수용자가 권리를 주장하는 등의 "튀는" 행동은 "바로잡아야" 할 행동이었고, 바로잡는 방법은 "불이익을 주는" 것이었다. 그리고 "불이익은 물리적"으로 행해졌다. "물리적인 힘은 물리적인 힘으로 대항을 하게 돼 있어"서 "힘으로" 덤비기는 어려우므로 "자해"하는 자들이 있었다. 과거 "저항의 방법"으로의 "자해"는 수용자가 교도관의 물리적 통제에 대항하는 방식이었다.

그러다가 2002년 국가인권위원회가 생기면서 "수용자들이 눈을 뜨기 시작"하였다고 한다. 그러면서 고소, 고발 등이 급증하였다. 한 교도관은 이렇게 말했다.

> 전에는 그렇지 않았는데, 이제는 수용자가 조금만 뭔가 마음에 안 들면 무조건 '진정 넣겠습니다', '고소할 겁니다'라는 말이 먼저 나옵니다. 그러니 이제는 방법을 바꿔야죠. (인터뷰 내용 中)

수용자가 "국민의 한 사람으로서 탄생"하기 시작하면서 물리적 통제가 감소했는데, 그 영향으로 교도소에서의 "물리적 대응의 형식이 확연히 줄어"들었다. 연구참여자 교도관은 다음과 같이 이야기했다.

> 수용자를 불러서 그들의 이야기를 듣기만 해도 많이 해소됩니다. 이제는 법적으로 싸우는 게 아니라, 마음을 풀어주는 게 더 중요해졌죠. (인터뷰 내용 中)

물리적인 힘이 아니라 소통과 심리적 설득이 교도소 운영의 새로운 방식이 된 것이다. 과거 교도소는 '힘'이 지배했다면, 이제는 '법'이 지배하는 시대가 되었다. 수용자는 더 이상 수동적인 존재가 아니다. 국민의 한 사람으로서 자신의 권리를 행사하고 있으며, 법을 적극적으로 활용하면서 교정시설의 운영 방식까지 변화시키고 있다.

그러나 이것이 악용될 위험도 있다. 불필요한 고소, 고발이 많아질수록 교도관이 위축되고, 교정시설 운영이 더 어려워질 수도 있다. 따라서 교도소의 질서 유지와 인권 보호 사이의 균형을 찾는 일이 앞으로의 과제가 될 것이다.

여성담론 확대와 조두순 사건

1990년대 후반, 한국사회는 IMF 외환위기의 충격 속에서 급격한 변화를 겪었다. 특히 여성들은 경제위기의 직격탄을 맞으며 노동시장과 가정에서 구조적인 차별과 위기를 경험하게 되었다. 많은 기업이 경영난을 이유로 여성 노동자를 우선적으로 해고하거나 비정규직으로 전환했고, 남녀 간 임금 격차는 더욱 심화되었다. 2008년 기준 한국 여성의 평균 임금은 남성의 61%에 불과할 정도로 성별 격차는 뚜렷했다.[6]

이와 같은 상황 속에서 여성운동과 여성담론은 더욱 확산되었다. 성차별 문제를 공론화하려는 목소리가 커지면서 1999년에는 「남녀고용평등법」이 개정되었고, 「남녀차별금지법」이 새롭게 제정되었다. 이 개정안에는 직장 내 성희롱을 명확하게 정의하고 이를 법적으로 금지하는 조항이 포함되었다.

1990년대 후반 여성 인권이 확대되면서 성폭력범죄에 대한 사회적 인식도 변화하기 시작하였다. 이전까지 성폭력은 은폐되거나 개인적인 문제로 치부되는 경향이 강했으나, 1994년 「성폭력범죄의 처벌 및 피해자보호 등에 관한 법률」이 제정되면서 성폭력범죄에 대한 법적 대응이 강화되었다. 2007년 「특정 성폭력범죄자에 대한 위치추적 전자장치 부착에 관한 법률」이 제정되었고, 2008년 9월부터는 '상습 성폭력사범 전자감독제도(전자발찌제)'가 도입되면서 성폭력범죄자에 대한 관리가 한층 강화되었다.

이러한 상황에서 2008년 발생한 조두순 사건은 성폭력범죄에 대한 사회적 공분을 일으켰다. 8세 여아를 대상으로 한 잔혹한 성폭력범죄는 성범죄자에 대한 형량 강화와 처벌 방식 개선을 요구하는 목소리를 더욱 거세게 만들었다. 그러나 조두순이 심신미약을 이유로 징역 12년형을 선고받자, 많은 국민이 사법 시스템의 한계를 지적하기 시작하였다.

이어 2010년 김길태 사건이 발생하며 성폭력범죄자 관리에 대한 사회적 요구는 더욱 거세졌다. 김길태는 부산에서 13세 여중생을 납치하여 성폭행하고 살해 후 유기한 범죄자로, 이미 성폭력 전과가 있었음에도 불구하고 사회로 복귀한 사례였다. 이 사건은 국민들의 불안을 극대화시켰고, 성범죄자의 재범을 방지하기 위한 강력한 법적 조치가 필요하다는 인식을 확산시켰다.

이에 따라 2010년에는 성폭력범죄자에 대한 관리와 처벌을 대폭 강화하는 법 개정이 이루어졌다. 「성폭력범죄자의 성충동약물치료에 관한 법률」이 제정되었으며, 「아동·청소년의 성보호에 관한 법률」 개정을 통해 성범죄자의 신상 공개, 취업 제한 조치를 확대했다. 또한 법원은 아동·청소년 대상 성범죄자에게 성폭력 치료 프로그램 이수를 의무적으로 병과하도록 명시하였다. 같은 날 「성폭력범죄의 처벌 등에 관한 특례법」도 제정되며 성범죄자에 대한 처벌과 관리 방안이 대폭 강화되었다.

2008년 조두순 사건과 2010년 김길태 사건은 한국사회에서 성폭력범죄에 대한 법적·제도적 대응을 변화시키는 계기가 되었다. 이후 성범죄자에 대한 감시와 처벌이 강화되었으며, 교정시설에도 성범죄자를 위한 교육 및 치료 프로그램이 한층 적극적으로 도입되었다.

빨간모자 소녀와 늑대: 성범죄자 알림e

성범죄에 대한 사회적 경각심이 높아진 가운데, 현재까지도 성범죄자의 사회복귀와 관련된 논의는 점점 더 이분법적으로 흘러가고 있다. 처벌과 재범 방지를 위한 제도적 강화가 지속되면서도, 한편으로는 이들을 '교화 불가능한 범죄자'로 규정하는 경향이 강해지고 있다.

이러한 인식의 변화는 대중매체의 영향이 크다. 성범죄 사건이 연이어 보도되면서, 실제 범죄 발생 건수와 관계없이 대중의 불안감이 더욱 심화되었다. 특히 여성은 성범죄 관련 뉴스를 접할수록 자신이 직접 피해자가 될 가능성이 높다고 인식하는 경향이 두드러진다.[7] 이는 성범죄자에 대한 공포를 증대시키고, 그들을 사회에서 완전히 배제해야 한다는 분위기를 조성하는 역할을 한다.

조두순 사건 이후 2013년 여성가족부(현 성평등가족부)는 '성범죄자 알림e' 홍보 영상을 공개하였다. 영상은 이솝 우화 《빨간 모자》를 각색하여, 주인공인 빨간모자가 '성범죄자 알림e'를 통해 성범죄 전과자인 늑대의 정체를 미리 파악해 위험에서 벗어나는 내용을 담고 있다. 광고의 의도는 명확했다. 성범죄자에 대한 경각심을 높이고, 시민에게 '성범죄자 알림e' 시스템을 적극 활용하라는 메시지를 전달하는 것이다.

그러나 이 광고는 논란을 불러일으켰다. 늑대가 물리적 행동이나 신체적 접촉 없이 단순히 말을 거는 장면조차 위험한 상황으로 묘사되었기 때문이다. 이는 모든 성범죄 전과자가 잠재적 범죄자라는 인식을 강화한다는 비판을 받았다.

그림 6-1 성범죄자 알림e 서비스 홍보물[8]

이러한 인식은 성범죄자에 대한 교정정책에까지 영향을 미친다. 성범죄자는 사회로 복귀한 이후에도 여전히 위험한 존재로 간주되며, 이들에 대한 교정교육의 효과조차 부정적으로 인식된다. 성범죄자가 출소 이후에도 영원히 감시받아야 한다는 사회적 분위기는 결국 교정의 근본적인 목표인 '사회복귀' 자체를 불가능하게 만들고 있다.

이제 우리는 '낙인'이 과연 범죄 예방에 도움이 되는지, 혹은 단순히 공포를 조장하는 데 그치는 것은 아닌지 고민해야 한다. 성범죄 재발 방지를 위한 제도적 보완과 함께, 출소 이후 이들이 어떻게 사회에 복귀할 수 있을지에 대한 논의가 필요하다. 실질적인 범죄 예방책과 사회적 공존 방안을 마련하는 일이 중요한 시점이다.

성폭력사범교육의 확대

우리나라에서 성폭력사범교육이 본격적으로 시행된 것은 1990년대 후반이다. 1999년 원조교제 사건이 사회적으로 큰 논란이 되면서, 아동·청소년을 대상으로 한 성범죄에 대한 관심이 증가했다. 이에 따라 성범죄자교육 프로그램이 본격적으로 운영되기 시작했다. 여성가족부는 2004년 '해바라기 아동센터'를 설립하여 성범죄 피해 아동 보호체계를 구축했으며, 2006년부터는 아동 성폭력 가해자들을 대상으로 한 교육 프로그램을 해바라기 아동센터에서 위탁 운영하기 시작하였다.

2008년에는 부산교도소가 부산성폭력상담소와 협력하여 성폭력사범교육을 실시했다. 이 교육에서는 개별 상담부터 피해자 체험 수기 작성, 동영상 시청을 통한 공감 훈련, 성폭력 유형 분석 등 다양한 프로그램이 진행되었다. 이처럼 초기의 성폭력사범교육은 상담 위주로 이루어졌으며, 주로 민간 상담소와의 협력을 통해 진행되었다.

그러나 2010년 성범죄에 대한 사회적 관심이 증가하면서 법무부는 성폭력사범교육을 좀 더 체계적이고 전문적으로 운영하기 위한 대대적인 개편을 시도하였다. 특히 2010년 12월부터는 의정부교도소에서 아동 성폭력사범 대상 교육을 전담하는 '교정심리치료센터'를 시범 운영하였고, 심리검사, 심리교육, 분노 조절 훈련, 예술치료 등 다양한 프로그램을 도입하였다.

2011년 하반기부터 기존 성폭력사범 단계별 프로그램이 기본교육, 집중교육, 심화교육으로 명칭이 변경되었고 교육시간도 증가하였다. 성폭력사범교육은 크게 6가지 과정(집단 규범 세우기, 범죄 사슬, 피해자 고통/공감, 대인관계 기술, 성교육, 통제를 유지하기)으로 나누어 총 24주 62회기로 구성되었다. (구체적인 내용은 [표 6-1]과 같다.)

이처럼 다양한 성폭력사범교육이 운영되고 있지만, 효과에 대한 의문은 지속적으로 제기되고 있다. 성폭력사범교육은 '형벌'의 연장이 아니라, 사회 안전을 위한 필수적인 과정이다. 성폭력범을 충분히 이해하여 전문적이고 교육적인 접근을 하는 것이 안전한 사회로 나아가는 길일 것이다.

표 6-1 성폭력사범교육 프로그램 개요[9]

과정	시간 배정	교육목표
모듈 1 집단 규범 세우기	1주 (4회기)	- 교육에 참여하는 동기를 강화 - 집단의 응집력을 증진 - 생산적인 집단 활동과 치료적 변화를 이끌 수 있는 적절한 규범 작성
모듈 2 범죄 사슬	7주 (22회기)	- 범죄 행동의 원인이 되고 그 행동이 계속 유지되는 자신의 문제를 인식하고 이해함으로써 자신의 범죄 사슬을 완벽히 이해 - 과거 범행과 앞으로 범행을 피하기 위한 책임감 그리고 아동에 대한 성폭력에 대해 바람직한 태도 및 신념을 높임으로써 범죄 사슬을 유지시키는 사고 패턴을 변화
모듈 3 피해자 고통/공감	4주 (12회기)	- 성학대가 피해자에게 끼친 고통에 대해 전반적으로 이해 - 자신의 범죄 행동이 피해자에게 어떠한 해를 끼쳤는지 알게 되고, 이에 대한 책임을 수용 - 피해자의 관점에서 학대를 볼 수 있게 됨 - 성학대를 당한 일반 피해자와 자신의 피해자에 대한 공감능력을 개발
모듈 4 대인관계 기술	4주 (8회기)	- 성인 간 대인관계에서 친밀감의 의미와 가치를 이해 - 친밀감에 대한 두려움을 인식하고 그 기원을 이해 - 자신을 역기능적 대인관계 유형과 친밀감을 회피하는 방식을 발견 - 친밀감을 강화시키는 기술을 개발(갈등 해결 포함) - 출소 후에 대인관계를 방해하는 잠재적 요인들에 대한 경각심
모듈 5 성(性) 교육	4주 (7회기)	- 성인으로서 알아야 할 성지식을 더욱 정확하고 완전하게 습득 - 성에 관한 이야기를 편한 마음으로 토의할 수 있으며, 잘못된 정보와 도움이 되지 않는 태도로 인해 야기된 불안 수준을 감소 - 성인 파트너와 서로 존중하고, 동의를 하며, 상호 보상적인 성적 친밀감을 가질 수 있는 태도 형성 - 성행동 시 서로를 충족시켜 줄 수 있는 행동에 대해 이해
모듈 6 통제를 유지하기	4주 (9회기)	- "moving in", PIG, whathell과 같은 범죄 사슬 개념을 이해 - HRS와 making choice(선택하기)와 같은 범죄 사슬의 개념에 대해 완전히 이해 - 각 연결고리에 적합한 대처 기술들을 이해하고, 능숙하게 사용 - 자신의 범죄 사슬을 명확하게 표현할 수 있고, 의미 있는 타인에게 자신의 범죄 사슬에 대한 정보를 제공 - 더 이상 재범을 하지 않기 위하여 자신의 인생 전반에 대한 계획을 적극 수립
총계	24주 62회기(6개월 과정)	

피해자 공감과 참여 동기 강화를 통한 성폭력사범교육

2011년에 수립된 성폭력사범교육은 이전 교육과 차이가 있다. 우선 피해자 고통과 공감 등 피해자에 대한 내용이 추가되었다. [표 6-1]에서 '모듈 3'을 보면 '피해자 고통/공감' 과정은 피해자의 관점을 알고, 피해자에 대한 공감능력 등을 계발하는 것을 목표로 한다.

교육내용에 피해자에 대한 내용이 추가된 것은 사회에서 가해자뿐만 아니라 피해자에게도 관심을 가질 필요가 있다는 논의가 이루어지면서부터이다. 우리나라에서는 1992년 4월 '한국피해자학회'가 창립되었다. 이후 회복적 사법 Restorative justice 논의는 2000년대 후반 이후 지속적으로 확대되었다. 회복적 사법은 피해자와 가해자 혹은 지역사회 구성원 등 범죄 사건 관련자들이 사건의 해결과정에 능동적으로 참여하여 피해자 혹은 지역사회의 손실을 복구하고 관련 당사자의 재통합을 추구하는 것이다.

연구에 참여한 교도관들도 수용자가 피해자가 겪는 고통을 아는 것이 중요하다고 한다. 어느 교도관은 성폭력사범교육 중에 수용자가 기른 다육식물 등을 일부러 망가뜨린 적이 있다고 한다. 그 이유에 대하여 애지중지 키우던 식물을 "인위적으로 누군가에 의해서 망가뜨렸다는 것을 꼭 티를 내"면 그것을 키우던 수용자는 분노하기 때문이라고 하였다. 하지만 그 순간 "그들이 피해를 입힌 사람들도 누군가에 의해 평생 애지중지 키웠던 것이 어느 순간 죽어서 시체로 돌아오고 어느 순간 강간당해서 돌아오면 이 가족들이 그 마음이 어떻겠느냐"면서 자신의 행동을 깨닫고 반성한다고 한다. 그러면서 그는 수용자가 이렇게 "불편함을 직면"하는 것이 변화에 있어 중요하다고 하였다.

> 식물같은 이런 것들도 좀 이렇게 해요. 교육적인 차원에서 우리 직원들끼리 좀 작전을 짜요. 봐 가지고 싹수가 있을 만한 좀 약간 건드려도 될 만한 사람들 것을 일부러 망가뜨려 놔요. 제가 망가뜨릴 때는 반드시 인위적으로 누군가에 의해서 망가뜨렸다는 것을 꼭 티를 내요. 처음이 아니라 남들 싹이 자라나고 있을 때 그때 망가뜨려요. 그러고 나서 그다음 주에 보잖아요. 당연히 화를 내죠. 아 왜 화를 내라고 그런 거니까. 누가 이랬어. 이거 키우느라고 얼마나 고생했는데 그걸 노리는 거예요. 그랬을 때 이 친구들이 깨닫는 게 있어요. 대부분 60% 강력범죄자들이 그들이 피해를 입힌 사람들도 누군가에 의해 평생 애지중지 키웠던 것이 어느 순간 죽어서 시체로 돌아오고 어느 순간 강간당해서 돌아오면. 이 가족들이 그 마음이 어떻겠느냐. 기껏 요 정도 생명력이 강하다 싶었을 때 박살 나 있어 하면. (인터뷰 내용 中)

다른 연구참여자 교도관은 수용자가 변화되었는지를 판단하는 데 "피해자에게 사과했는지"가 중요한 지표 중 하나라고 하였다. 피해자와 화해하기 위한 노력을 얼마나 했으며 피해자에게 사과의 편지를 썼는지 등은 변화의 여부를 알 수 있는 하나의 방법이라고 하였다.

피해자에게 사과했는지. 피해자에게 화해했느냐. 사과했느냐라고 하는 것들을 드러낸다면 이런 게 있어요 뭐 피해자랑 화해하려고 노력을 몇 번이나 했느냐 (…) 실제로 드러나잖아요. 사과의 편지를 썼느냐. 저 정도면 마음의 변화가 있었을 거라고 추정되는 행동들이 있는 거죠. (인터뷰 내용 中)

성폭력사범교육이 이전과 달라진 점으로는 교육 참여 동기를 강화하기 위한 내용이 추가되었다는 점도 있다. 연구참여자 교도관들은 성폭력사범에게 교육 참여 동기를 부여하는 것이 어렵다고 하였다. 그 이유는 성폭력사범교육을 들으러 가면 "작업장이 갑자기 텅텅 비는"데 작업장에 없는 사람은 성폭력교육을 들으러 간 자들이므로 "죄명"이 타인에게 밝혀지기 때문이다. 따라서 성폭력사범은 교육에 참여할 때 "고개를 푹 숙이고" 있다고 한다.

오히려 낙인효과가 있어요. 성폭력자 따로 모여 이러니까 섞여 있으면 모를 텐데 그 교육 받으라니까 일선 작업장이 갑자기 텅텅 비는 거예요. 아이야 어디 갔는데 교육받으러 갔대 되게 싫어해 그러니까 가사들이 너무 힘들어하는 거예요. 안 할 수는 없고. 그러니까 안 하고는 나가서 들어야겠고. 그러니까 들을 수밖에 없는데 듣자니 억지로 해야 되고. 내 죄명이 이건지는 몰랐을 텐데. 어떤 사람은 고개를 푹 숙이고 있고 이런 경우들이 있어요. (인터뷰 내용 中)

교육의 효과는 학습자의 교육 참여 동기와 의지가 얼마나 강한지에 달려 있다. 따라서 수형자에게 교육 참여 동기를 강하게 심어주는 것은 교정교육이 해결해야 할 과제 중 하나다.

성폭력사범에게 부여되는 '패키지'

한편으로 성폭력사범교육에 의문이 제기되기도 한다. 연구에 참여한 교도관은 출소 후 성폭력범에게는 성폭력교육을 포함하여 취업 제한, 전자발찌, 신상공개 등 "패키지"가 부여되는데, 이는 마치 교도소에서 "교육 안 받은 것처럼" 또다시 처벌을 가하는 것이라고 하였다. 그러면서 교도소에서 "왜 교육을" 하는지 "답답"하다고 하였다. 교도소에서 성폭력사범에게 교육을 제공하고 있지만, 출소 후 전자발찌나 신상공개 등 사회적 낙인이 이루어지는 상황에서 교육은 무의미하다고 하였다. 그는 교육이 "의미"를 가지기 위해서는 "교육결과에 따라서 발찌를 채울지 말지 신상공개를 해야 될지 말지"를 판단해야 한다고 하였다. 성범죄자에게 일종의 "패키지"가 제공되는 상황에서 이들에게 오히려 필요한 교육은 "발찌를 찼을 때 느끼는 심정 이걸 어떻게 극복할 것인가, 신상공개가 됐을 때에, 가족들이 온갖 피해를 당하고 이랬을 때 어떻게 잘 극복을 하고 이겨낼 수 있을 것인가"라고 하였다.

이는 성범죄자를 교정하려면 범죄예방교육뿐만 아니라, 출소 후 이들이 사회에서 겪게 될 낙인과 차별을 어떻게 극복할 것인지에 대한 실질적인 교육이 필요하다는 것을 말해준다. 현재 성범죄자들은 출소 후에도 법적 처벌과 사회적 처벌을 동시에 받는다. 그렇다면 교도소에서 제공하는 교육의 목표는 무엇이어야 할까. 진정한 교정교화는 재범 방지 교육를 넘어, 출소 후에도 사회에서 살아갈 수 있는 방법을 가르치는 일이 되어야 할 것이다.

재범 위험성 평가도구의 탄생

2010년 7월 29일, 법무부 사회복귀과는 '교정심리치료센터 시범운영 계획(안)'을 발표하며 교정 시스템에 심리학적 접근을 도입하기 시작하였다. 16세 미만 아동 대상 성범죄자를 중심으로 한 15명 내외의 소규모 집단에 인지행동치료와 재범 위험성 평가를 실시하는 것이 핵심이었다. 2010년 12월부터는 의정부교도소에서 성폭력범을 대상으로 한 심리치료센터가 시범운영되었으며, 교정시설 내에서 심리 전문가들이 수용자 관리와 교정과정에 참여하였다.

이후 교정시설에는 재범 위험성을 평가하여 맞춤형 교육을 제공하는 방식이 본격적으로 도입되었다. 이를 위해 수용자들에게 지능검사, MMPI다면적 인성검사 등을 시행하고, 이후 평가 결과에 따라 기본(40시간), 집중(100시간), 심화(200시간)과정으로 구성된 심리치료교육을 제

표 6-2 심리치료 교육과정 운영[10]

구분	기본교육	집중교육	심화교육
실시기관	전 교정시설	집중교육기관	교정심리치료센터
교육대상	모든 성폭력사범	- 13세 미만 아동 대상 성폭력사범 - 이수명령 100시간 이하자	- 성폭력사범 중 고위험군 - 이수명령 100시간 초과자
교육시간	40시간	100시간	- 6개월 과정 - 200시간 이상
교육인원	5~20인	5~20인	- 수용인원 100명

공하였다.

즉, 심리치료교육이 시행되면서 재범 위험성 평가는 교육시간을 결정하는 데에 중요한 기준으로 작용하였다. 법무부가 2010년 도입한 '재범 위험성 평가도구'는 정적 위험요인(나이, 성범죄 기록, 일반범죄 기록, 피해자 특성)과 역동적 위험요인(성일탈적 생활양식, 성적 강박성, 범죄적 성격, 인지왜곡, 대인관계 공격성, 감정 통제, 통찰력, 약물 남용, 사회적 지지, 충동성, 치료 순응, 일탈적 성적 선호, 친밀관계 결핍)을 평가하여 점수화한다. 이후 평가 점수에 따라 교육시간을 결정하고, 재범 위험이 높은 수형자에게는 추가적인 교육을 제공한다.

재범 위험성 평가가 수형자의 교육시간과 내용 등을 결정하는 데 중요한 지표로 활용되었지만, 완벽하지는 않았다. 실제로 2017년, 사회적으로 큰 논란이 되었던 범죄자 조두순을 통해 이 평가 시스템의 한계가 드러났다. 조두순은 악명 높은 아동 성범죄자임에도 불구하고, 초기 재범 위험성 평가에서 낮은 점수를 받아 100시간의 교육만 받게 되었다.

이후 2018년, 평가 방식이 변경된 후에야 그는 고위험군으로 분류되었지만, 이미 가장 낮은 수준의 교육을 받은 뒤였다.

이러한 오류는 비단 조두순뿐만이 아니라 다른 수형자에게서도 종종 일어났다. 한 교도관은 "어떤 수형자가 분류심사에서 IQ 60으로 나와 작업에서 제외되었는데, 나중에 스스로 '사실은 60이 아니다'라고 고백했다"고 하였다. 이 수형자는 단순히 작업을 피하고 싶어서 평가 결과를 조작했지만, 작업 성적이 가석방 심사에 영향을 미친다는 사실을 뒤늦게 알고 다시 제대로 평가받기를 원했던 것이다.

이러한 사례들은 재범 위험성 평가가 정확한지 의문을 제기하게 만든다. 처음에는 '과학적'이라는 명분하에 도입했지만, 실제로는 수형자가 고의로 조작할 가능성과 평가체계의 허점이 존재하는 것이다. 과학적이라 여겨졌던 교정 평가 시스템조차도 불완전하며, 단순히 점수화된 판단만으로는 한 인간의 재범 가능성을 완벽하게 예측할 수 없다는 사실이 명확해졌다.

과연 성범죄자를 포함한 모든 범죄자를 점수로 평가하고 재범 위험성을 수치화하는 것이 가능할까. 이러한 시스템이 실제로 교정교화와 재범 방지에 효과적인가. 평가를 통한 객관적 분석이 필요한 것은 맞지만, 인간의 심리와 행동을 숫자로 정의하려는 시도가 오히려 새로운 문제를 초래하고 있는 것이 아닌지 생각해 볼 필요가 있다.

상담과 치료가 반영된 교정교육의 확대

이 시기 교정시설에는 상담과 치료가 적극적으로 유입되었던 만큼 성폭력사범 외의 다른 수용자에게도 상담과 치료를 내용으로 한 교육이 다수 운영되기 시작하였다. 2010년에는 법무부와 한국출판문화산업진흥원이 '교정시설 수용자 독서지원 및 독서치료프로그램 보급' 업무협약을 맺었다. 2010년 10월에는 법무부, 고용노동부, 행정안전부, 농촌진흥청 등 5개 부처가 협약을 맺어 원예치료 프로그램을 실시하였다.

교도소 자체 내에서 개설 및 운영한 교정교육도 상담과 치료를 주된 내용으로 하였다. 대표적으로 2009년 청송제3교도소는 피보호감호자를 대상으로 '누리품 교육'을 실시하였다. '누리'는 세상을 가리키는 순우리말로 피보호감호자도 사회가 품어야 할 존재라는 점을 교육 이름에 반영한 것이다. 누리품 교육 신청을 안내하는 자료에는 인성교육을 수료한 자라면 누구든지 신청 가능하고, 교육 기간 중 근로보상금을 지급한다고 하였다. 또한 교육을 마치면 그 결과는 가출소 심사 자료로 제출하고, 교육기간 중 전화를 1회 추가 사용할 수 있다고 하였다. 교육 우수자에게는 가족 만남의 날이나 장소변경 접견 등의 기회를 제공한다는 내용도 있었다.

누리품 교육은 2단계로 구성되었다. 1단계는 자아탐구, 2단계는 변화와 적응을 주제로 하였다. 1단계 '자아탐구 프로그램'은 "피보호감호자들이 자신이 걸어온 길을 되돌아보고 자기중심적인 태도에서 벗어나 자

표 6-3 누리품 교육 1단계 교육내용[11]

<table>
<tr><th>구분</th><th>1일차</th><th>2일차</th><th>3일차</th><th>4일차</th><th>5일차</th></tr>
<tr><td>09:00~
10:30</td><td>입교식
(과정 안내)</td><td>명상의 시간
(인간은 얼마나
성장하는가?)</td><td>명상의 시간
(힘을 길러야
산다)</td><td>명상의 시간
(인간관계
성공과 실패)</td><td rowspan="2">레크리
에이션</td></tr>
<tr><td>10:30~
11:30</td><td>opening
session
(인성교육 이후
자신의 변화)</td><td>음악치료</td><td>좋아하는
색 고르기
(나의 성격은?)</td><td>역할 연기
(사이코드라마)</td></tr>
<tr><td>13:00~
14:00</td><td>성취 동기
측정</td><td>미술치료
(자아상·모델
과 화가)</td><td>성격 판단
게임
(화 다스리기)</td><td>장애 체험(목발
잡고 환자 되어
보기)</td><td>생활 예절</td></tr>
<tr><td>14:00~
14:30</td><td>잊을 수 없는
사람들</td><td>자연과 대화
사물과 대화</td><td>감성지능검사</td><td>나의 결심(나는
이런 사람이
된다)</td><td>시청각교육</td></tr>
<tr><td rowspan="2">14:30~
15:30</td><td>나는
누구인가?</td><td>나의 성공
10년 계획서
나의 계발
20년 계획서</td><td>개선·장려할
image 피드백</td><td rowspan="2">closing
session
(교육평가)</td><td rowspan="2">교육평가
및 소감문
발표/
수료식</td></tr>
<tr><td>우리의 다짐/
소감 작성</td><td>명상의 시간/
소감문</td><td>명상의 시간/
소감문</td></tr>
</table>

신과 타인에 대해 적절하게 인지할 수 있도록 유도함으로써 사회에 복귀한 후의 삶에 대해 구체적으로 고민하고 계획하게 만드는 기회를 제공"하는 데 목적이 있다. 주로 음악치료나 미술치료, 성격과 심리 등으로 구성하였으며 구체적인 내용은 〔표 6-3〕과 같다.

누리품 교육의 2단계인 '변화와 적응 프로그램'은 '범죄행동 수정 프로그램'과 '사회적응 증진 프로그램'으로 나뉜다. 범죄행동 수정 프로그램은 "주체성·관계성·자아상 검사", "진정으로 나는 어떤 사람이 되

표 6-4 누리품 교육 2단계 중 '범죄행동 수정 프로그램'[12]

	1일차	2일차	3일차	4일차
교육 내용	- 입교식 - 오리엔테이션 - 참가 목적 정리 - 주체성, 관계성, 자아상 검사 - 정리 및 소감 나누기	- 우주명상 - This is me? - 감정의 주인으로서의 표현훈련 (공감, 수용)	- 대인관계 증진 기술훈련 - 진정으로 나는 어떤 사람이 되고 싶은가? - 미션드라마를 통해서 본 나의 사명(역할극)	- 현실감각 익히기 (내가 보는 나, 남이 보는 나) - 문제 해결 및 생활 관리 능력 키우기
	5일차	**6일차**	**7일차**	**8일차**
교육 내용	- 사회봉사활동(대체교육: 친사회 행동기술훈련) - 책임 있는 삶을 위한 점검 - 소감 나누기	- 오리엔테이션 - 성의 개념과 차이 - 너를 알고 나를 알자	- 성 무엇이 문제인가? - 내 몸의 가치는 얼마일까? - 자립의지 계획 발표 및 평가	- 대화법 - 분노 조절법

고 싶은가?", "분노 조절법" 등을 내용으로 하고, '사회적응 증진 프로그램'은 출소 후 삶을 위한 "직업생활의 설계", "제조업 취업 전략", "서비스, 유통업 취업 전략" 등을 내용으로 하였으며 구체적인 내용은 〔표 6-4〕, 〔표 6-5〕와 같다.

누리품 교육은 상담이나 치료 등 심리를 주제로 한 내용이 많다. 이는 교정시설 교육에 상담과 치료를 진행한 프로그램이 당시 많이 유입되었던 영향이 있었을 것으로 보인다. 교육 이후 수용자들은 '자립의지 계획서'에 "조금도 불의와 타협하지도 않고 남에게는 관대하되 자기 자신에게 만큼은 엄격한 사람이 되도록 노력할 것", "무슨 일이든지 열심히 일하고 노력하고 인내하여 참된 삶을 살 것"이라며 앞으로의 다짐을 적

표 6-5 누리품 교육 2단계 중 '사회적응 증진 프로그램'[13]

구분	교육시간	교육과목	강사
9일차	09:00~09:20	오리엔테이션	취업전담반
	09:30~11:20	「나의 인생 설계」 「직업생활의 설계」	한국경제TV 강좌 영상물
	13:00~13:50	role model 교육, 「명장 성공 스토리」 「직업휴먼 스토리」	사회 정착 출소자, 한국경제TV 강좌 영상물
	14:00~15:30	취업·창업 입문	안동소상공인센터
10일차	09:00~12:00	사회봉사활동	
	13:00~13:50	「제조업 취업 전략」 「서비스, 유통업 취업 전략」	취업 관련 강사, 한국경제TV 영상물
	14:00~15:30	사회복귀 특강 및 수료식	소장

었다.

2009년에는 청송제2교도소에서 '아리랑 캠프(我理朗 Camp-나를 발견하는 기쁨)'를 실시하였다. 아리랑 캠프는 상습 규율 위반 수용자를 대상으로 "모범적 수용생활과 출소 이후 새로운 삶을 살아가는 데 도움을 주기 위해" 이루어졌다.[14] 교육내용은 자아 발견을 위한 성격심리검사, 분노 조절훈련, 대인관계훈련 등이었고, 하루 4시간씩 10회기에 걸쳐 이루어졌다.[15]

이와 같이 당시 교정교육에는 심리검사나 상담, 치료가 많이 반영되기 시작하였다. 현재도 이러한 교육이 다수 운영되고 있다. 이는 수용자의 내면을 이해하고 정서적 회복을 돕는 치료와 치유 중심의 접근이 점차 강화되고 있음을 말한다.

교도소 내 인문학 열풍과 책 읽는 교도소로의 변화

2000년대 중반 무렵 한국에서는 인문학이 인기를 끌었다. 인문학 열풍은 교정시설에까지 영향을 미쳤다. 교정시설에서 인문학교육이 확대되었던 것은 2006년 우리나라에 번역, 발간된 《희망의 인문학: 클레멘트 코스 기적을 만들다 *Riches for the Poor: The Clemente Course in the Humanities*》의 영향이 있다. 저자인 얼 쇼리스 E. Shorris 1936~2012는 수용자나 노숙인 등에게 인문학교육을 제공하는 것이 중요하다고 주장하며 이들을 위한 교육을 '클레멘트 코스'라는 이름으로 운영하였다. 이후 클레멘트 코스는 교도소 수용자와 소외계층을 대상으로 인문학교육이 확대되는 데 영향을 미쳤다.

당시 신문에서는 "소외계층에게 인문학교육을 통해 자존감을 높이는 일명 '클레멘트 코스'의 한국판이 정착"하고 있다며 "교도소 수용자들을 대상으로 실시한 첫 인문학 강의를 계기로 이들에게 삶의 활력소가 되고 있다"고 하였다.

13일 의정부 교도소에서 미국의 '클레멘트 코스'와 같은 인문학 수업을 처음으로 들은 수용자들의 한결같은 소감이다. 1995년 미국 뉴욕에서 시작된 클레멘트 코스는 소외된 사람들을 위한 인문학 과정을 말한다. 노숙인과 수용자, 마약 중독자 등에게 금전적 혜택을 주기보다 인문학적인 교육을 통해 살아갈 힘을 주자는 취지에서 개발됐다. 노숙인과 성매매 피해여성 등 소외된 사람들을 위한 인문학 과정은 개발돼 왔지만, 우리나라에서 수용자들이 이 과정에 참여한 것은 이번이 처음이다.

강동운 교도소장은 "수용자 재(再)사회화를 위한 직업훈련은 많았지만, 정작 인간의 내면과 자아를 성찰하게 하는 과정은 없었다"면서 "인문학 강의가 수용자들이 성공적으로 사회 복귀를 하는 데 도움이 되기 바란다."고 말했다.[16]

교도소에서의 인문학교육은 대학과의 협약을 통해서도 이루어졌다. 2009년 3월 30일 경희대학교 총장은 서울지방교정청과 '재소자들을 위한 시민인문학 강좌' 협약식을 열었다. 협약식 이후 경희대학교는 철학, 문학 글쓰기, 역사, 예술(체험학습) 등을 주제로 2009년에는 영등포교도소, 여주교도소, 의정부교도소, 안양교도소에서, 2010년에는 의정부교도소, 여주교도소, 화성직업훈련교도소에서 수용자에게 인문학교육을 제공하였다.

2007년에는 의정부교도소에서 어학 교육생(영어, 일본어 각 1개 반, 총 53명)에게 인문교육을 제공하였다. 2008년에는 인권연대, 성공회대 평생학습사회연구소, 연구공간 수유+너머, 인권실천시민연대, 지행네트워크, 철학아카데미가 운영위원회를 구성하여 약 5개월간 안양교도소에서 총 5기의 교육을 진행하였다. 2009년 수원구치소에서는 약 10개월간 7기까지 총 70명, 2010년에는 안양교도소에서 약 9개월간 8기까지 총 260명의 기결수를 대상으로 인문학교육을 시행하였다.[17] 인권연대는

표 6-6 2008년 안양교도소 인문교육 내용[18]

구분	분야	강좌명
1주차	철학	철학하며 살아가기
	문화	인간의 진화
	문학	나의 삶 풀어내기
	역사	대한민국사 1
	문화	좋은 삶이란 무엇인가
2주차	철학	철학하며 살아가기
	문화	나와 문명
	문학	나의 삶 풀어내기
	역사	대한민국사 2
	수료식	

2007년부터 교도소 평화인문학과정을 운영하고 있다.[19] 교육은 철학과 문학, 역사 등을 주제로 한다. 인문학교육의 사례는 [표 6-6]과 같다.

이와 함께 교도소는 '책 읽는 교도소'로 변화하기 시작하였다. 한때 교도소는 책과 거리가 먼 곳으로 여겨졌다. 수용자에게 필요한 것은 노동과 훈련이라는 인식이 강했기 때문이다. 그러나 2000년대 중반 이후, 이러한 인식이 바뀌기 시작하였다. 책을 읽을 권리, 독서를 통한 치유와 성찰의 기회가 중요하게 다뤄지기 시작한 것이다.

이러한 변화는 2005년 법무부가 '수용자에게 책 보내기 운동'을 실시한 것에서도 알 수 있다. 2010년대에 들어서는 정부기관들이 교도소에 책을 기증하였다. 조달청, 산림청, 관세청 등 다양한 기관에서 교정시설에 책을 기증하며 '책 읽는 교도소 만들기' 사업이 점점 확대되었다.

그림 6-2 울산구치소 도서관 개관식[20]

이 사업으로 의정부교도소에서는 수용자 1,343명을 대상으로 독서치료 프로그램이 운영되었으며, 도서 2,500권이 지원되었다. 프로그램의 핵심 목표는 자아 발견과 정서 지원이었다. 교육내용은 '내 안의 다양한 감정과 욕구', '과거로 떠나는 감사 여행', '자신과 화해하고 용서하기' 등이었다. 매 교육마다 1~3개의 독서 자료가 제공되었고, 이를 바탕으로 토론과 글쓰기가 이어졌다. 프로그램에 참여한 수용자들은 "책을 읽으며 자신을 이해하게 되었고, 타인과 소통하며 위로를 받았다"는 소감을 남겼다.

2012년에는 울산구치소에 '심재心齋 도서관'이 문을 열었다. '심재'란 장자가 말한 개념으로, 정신을 맑고 고요하게 가다듬는 상태를 뜻한다. 교도소 도서관에 '심재'라는 이름을 붙인 것은 책을 통해 수용자들이 자신의 내면을 돌아보고 깨달음을 얻길 바라는 의미에서였을 것이다. 이처럼 교정시설 내 독서 프로그램과 도서관 운영은 수용자의 인지적·정서적 성장에 긍정적인 영향을 미칠 수 있어, 향후 추가적인 연구와 제도적 지원이 요구된다.

직업훈련의 확대와 과제

출소자가 출소 후 새로운 삶을 시작하기란 쉽지 않다. 이들은 취업의 문턱에서 좌절하는 경우가 많다. 이를 해결하기 위해 2008년부터 교도소에서는 직업훈련을 확대하며 출소자의 취업과 창업을 체계적으로 지원하기 시작하였다.

2008년 4월, '수형자 취업 및 창업지원 전담반'이 운영되었고, 같은 해 11월에는 '수형자 취업 및 창업지원 협의회' 창립 총회가 개최되었다. 이 협의회에는 지역 상공회의소, 기업 CEO, 컨설턴트, 교수, 종교인 등 외부위원 20명과 교정공무원 9명이 참여하여 수형자의 사회 적응을 돕기 위한 논의를 시작하였다.

교도소에서 직업훈련의 확대는 과의 분화로 이어졌다. 2009년 7월 1일부터 교정본부의 조직개편으로 수형자 취업 및 창업지원 관련 업무가 직업훈련과로 이관, 조정되었다. 이후 2009년 9월 28일에는 「수형자 취업 및 창업지원 업무 지침」[21]을 제정하여 수용자의 취업과 창업지원의 법적 근거를 마련하였다.

2010년부터는 법무부가 여러 부처와 협력하여 '수형자 취업 및 창업지원 협의회'를 본격적으로 운영하였다. 여기에는 행정안전부, 고용노동부, 농촌진흥청, 중소기업청 등이 참여했으며, 출소자의 원활한 사회복귀를 돕기 위해 다양한 지원책을 마련하였다. 예를 들어 출소 예정자가 '취업성공패키지'에 참여할 수 있도록 하고, 이들을 채용하는 기업에는 고용촉진지원금을 지급하기로 하였다. 또한 사회적 기업의 인증 요건으로 출소 예정자 채용이 포함되도록 했으며, 출소 예정자에게 직업심리검사와 진로지도 프로그램을 제공하는 방안을 마련하였다.

2011년에는 지원이 더 본격적으로 이루어졌다. 법무부와 고용노동부는 출소 예정자가 일자리를 찾을 수 있도록 직업상담, 훈련, 일 경험, 취업 알선 등의 서비스를 통합 제공하는 '취업성공패키지'를 시작하였다. 2011년 2월에는 교도 작업과 직업훈련도 취업연계형으로 전환하고 고용노동부의 협조하에 취업성공패키지사업 참여자에게 직업능력계발계좌(200~300만 원)를 지원한다고 발표하였다. 같은 해 5월에는 부산교도소에서 출소 예정자를 위한 구인·구직 행사가 열렸으며, 이를 통해 많은 이들이 직접 기업 관계자들과 면접을 보고 취업 기회를 얻었다.

이 시기의 직업훈련은 단순히 기술을 습득하는 데 그치지 않았다. 수형자가 출소 후 바로 일자리를 가질 수 있도록 취업연계를 적극적으로 추진하였다. 교도소의 직업훈련이 준비과정에서 벗어나 실제 취업으로 이어질 수 있도록 한 것이다. 취업연계형 직업훈련은 출소자들이 사회에서 다시 자리 잡을 수 있도록 돕는 중요한 전환점이라 볼 수 있다.

한편 직업훈련으로 기술과 지식을 가르치는 것도 중요하지만, 인성을 잘 갖추도록 하는 것도 중요하다는 문제가 논의되기 시작하였다. 한 중소기업인은 "기술은 우리가 가르칠 테니, 교도소에서는 사람을 만드는 데 주력해 달라"고 하였다.[22] 이는 출소자의 취업을 바라보는 기업의 인식을 단적으로 보여준다. 출소자가 취업하여 일하는 데에는 기술을 익히는 것도 중요하지만 인성도 중요한 것이다.

> 향후 출소자 취업 시 동료와의 관계, 근무태도 등 문제를 해결하기 위해 출소 전 수형자에 대한 현재 실시 중인 집중인성교육은 물론 기초교양, 필수교양 과목으로 인성, 사회성 회복, 인간관계 코칭 등과 관련한 강좌를 개설할 필요가 있을 것으로 보임.[23]

직업훈련이 확대되면서 출소 예정자와 취업처를 직접 연결하는 기능이 강화되었고, 이에 따라 인성교육의 중요성이 더욱 강조되었다. 기업이 원하는 것은 기술만큼이나 '기본적인 소양을 갖춘 사람'이었다. 연구참여자도 "기술은 없어도 괜찮다. 인성이 더 중요하다"는 기업들의 의견이 지속적으로 부각되었다고 전하였다. 기술은 기업에서 가르칠 수 있지만, 인성은 단기간에 변화시키기 어렵다는 것이었다.

출소자가 다시 범죄의 길로 빠지지 않으려면 일자리를 찾는 것을 넘어, 사회에서 제대로 적응할 수 있도록 도와야 한다. 이러한 문제의식으로 현재까지도 직업훈련은 인성교육과 함께 시행되어야 한다는 논의가 이루어지고 있다.

수용자 교육교화 운영지침의 제정

2008년 12월 「수형자등교육규칙」[24]이 폐지되고, 「수용자 교육교화 운영지침」[25]이 제정되었다. 「수형자등교육규칙」은 형무소에서 교도소로 명칭이 변경되면서 수용자의 교육에 대한 사항을 법으로 명시한 것이다. 이는 수용자의 "교육에 관하여 필요한 사항을 정함을 목적으로" (제1조), "수형자 등에 대한 초등학교, 중학교 및 고등학교 과정의 교육" (제2조)을 제공하는 것을 명시하고 있었다.

새롭게 제정된 「수용자 교육교화 운영지침」은 제2조에 명시되어 있는 것과 같이 인성교육, 정보화교육, 서신, 신문 등, 비치도서, 교화방송, 특별활동반을 포함하고 있다. 즉, 2008년 이전 시행되었던 「수형자등교육규칙」은 수형자의 학과교육만을 담고 있었다면 새로 제정된 「수용자 교육교화 운영지침」은 '교육교화'라고 명시하여 학습 전반에 관한 다양한 사항을 담고 있다. 인권에 대한 사회적 인식이 향상하며 높아진 수용자 인권에 대한 관심이 수용자의 학습권 확대에도 영향을 미쳤을 것으로 보인다.

「수용자 교육교화 운영지침」을 보면, 교정시설에서 '교육'은 대부분 '○○교육'이라고 이름 붙은 것들이고, 이외의 사항은 '교화'로 부른다. 이는 교정시설에서 '학습'이라는 단어가 적극적으로 활용되지 않고 있다는 것을 말해준다. '학습'이라고 할 수 있는 활동에는 '교화'라는 단어가 쓰였다.

'학습'이 교정시설에서 적극적으로 활용되지 못하는 것은 학습담론의 영향 때문일 것으로 보인다. 보통 '학습'이라고 하면 우리는 학령기 아동이 하는 것이라고 생각하는 경향이 있다. 이런 이유로 '학습'은 교도소 수용자와 어울리지 않는다고 여겨진다.

유사한 맥락에서 2009년 교육교화팀이 없어진 것은 교정교육이 중요하게 받아들여지지 않았던 사회적 분위기 때문이었을 것이다. 2007년 교정국이 교정본부로 승격될 당시만 해도 교육교화과가 있었지만, 2009년에는 교육교화팀과 사회복귀지원팀이 합쳐져 사회복귀과로 변경되었다. 현재도 교육에 관련된 사항은 사회복귀과에서 담당하고 있다. 교정시설의 목적이 수용자의 개선과 변화에 있다는 점에서 교육과 학습은 핵심적이다. 교정시설에서 '교육'과 '학습' 언표를 적극적으로 활용하면 실제 교정교육(학습)의 질과 양에 영향을 미칠 수밖에 없다.

이는 교정시설에 교육 전문가가 매우 부족한 문제와도 연관된다. 과거 교정시설에는 교정교화 전문가로서 '교회직'이 있었지만 지금은 없어졌다. 또한 교정시설 직원의 직렬은 교정, 교화, 분류로 구분되어 있었으나 2012년부터 점차 합하여 교정 직렬로 통합되었다. 교도관 중 교육학을 전공한 사람도 있지만 행정 업무를 주로 하기 때문에 교정시설에는 교육 전문가의 역할을 제대로 하는 자가 부재한 상황이다. 매우 소수의 교도관만이 교화라 할 수 있는 도서나 가족접견, 공연 등을 관리하는 역할을 하고 있다. 교도소의 목적이 교정교화이고, 이를 위해 교육이 핵심적 기능을 할 수 있다는 점에서 교정교육 전문가를 활발하게 양성해야 할 것이다.

교정시설이 수용자가 긍정적으로 변화하는 것을 목적으로 한다면 교육을 집중적으로 담당하는 부서와 교육 전문가가 있어야 한다. 이에 관해 한국 교정시설이 매우 중요한 것을 놓치고 있다고 본다. 앞으로는 교정교육에 더욱 관심을 기울여야 개인뿐만 아니라 사회의 안전도 보장할 수 있을 것이다.

* * *

치료의 시대는 수용자를 치료의 대상으로 바라보는 인식이 형성된 시대다. 성폭력범에 대한 사회적 공포가 확대되면서 이들을 대상으로 심리치료와 상담을 중심으로 한 교정정책이 본격화되기 시작하였다. 그러나 교정교육은 수형자의 참여 동기를 고려하지 못한 채 의무화되거나 형벌처럼 작용하기도 하였다. 출소 후 전자발찌, 신상공개, 취업 제한 등은 이들이 교육을 받았음에도 불구하고 여전히 낙인에서 벗어나지 못하고 안전한 사회복귀를 어렵게 하였다.

2014년 이후에는 집중인성교육이 강화되는 등 교정교육에 큰 변화가 있었다. 다음 장에서는 '교정교화 종합대책'이 발표되면서 교정교육이 어떻게 변화했는지를 살펴보고자 한다.

제7장

위험관리의 시대

오늘날의 교정교육

2014년 이후

범죄 불안이 사회 전반에 확산되면서, 시민들은 실제 범죄 피해 경험이 적음에도 강한 두려움을 느끼고 있다. 범죄 불안은 언론 보도의 영향으로 확대되어, 엄벌주의적 여론 형성과 형벌 비대화로 이어졌다.

이러한 상황에서 교정시설에서는 분류와 예측을 통한 수용자 관리를 강화하였다. 수용자 개개인의 특성과 범죄 이력 등을 종합하여 위험을 등급화하고, 이에 따라 차별화된 처우를 제공하기 시작하였다. 즉, 교도소는 '위험관리 수준'을 측정하고 평가하는 곳, 규율 속에서 살아야 하는 곳, 자신이 얼마나 안전한 존재인지를 끊임없이 증명해야 하는 곳으로 변화하였다.

이 시기 교정교육에 영향을 미친 가장 중요한 사건 중 하나는 2013년 '교정교화 종합대책'이 발표된 것이다. 핵심 내용으로는 집중인성교육이 제시되었다. 이에 따라 인성교육은 시범 실시를 거쳐 2015년부터 전국 교정시설에서 모든 수형자에게 제공되고 있다. 그러나 집중인성교육은 정권 변화와 행정적 한계로 지속적으로 축소되고 있다. 표준화된 프로그램과 교육 전문가의 부재 등으로 실질적 효과에 대한 의문도 제기된다.

'교정교화 종합대책'에서 수용자의 변화에 있어 민간 자원봉사자의 참여를 강조한 것도 주목할 만하다. 수용자의 성공적인 재사회화는 사회적 연계와 공동체 형성으로 가능할 것이다. 각 수용자의 위험도를 평가하여 관리하는 시대, 교정교육은 앞으로 어떻게 나아가야 할지에 대한 충분한 고민이 필요하다.

나도 피해자가 될 것 같은 두려움: 엄벌주의 공감대

우리 사회의 안전을 위협하는 주된 불안 요인 중 하나는 범죄다. 우리나라 시민들의 범죄에 대한 두려움은 세계적으로 비교하면 높은 수준이다. 다른 나라와 비교하면 '밤길을 혼자 걷는 것이 위험하다'고 인식하는 사람의 비율은 체코가 23.9%로 가장 높았고 러시아(23.35%), 한국(23.07%) 순으로 나타났다.[1] 그러나 우리나라는 범죄 피해를 경험한 비율은 1.49%로 비교 국가 중 가장 낮았다. 이는 우리나라 시민들의 범죄에 대한 불안과 두려움이 실제 범죄 사건 수와 비교했을 때 높다는 것을 말한다.

범죄 피해 불안이 높아지며 우리나라에서 강력범죄에 대한 엄벌주의의 공감대가 점점 확산하고 있다. 엄벌주의에 대한 공감대가 확대된 것은 범죄와 관련된 언론 보도의 영향이 크다. 범죄 관련 보도를 분석한 연구

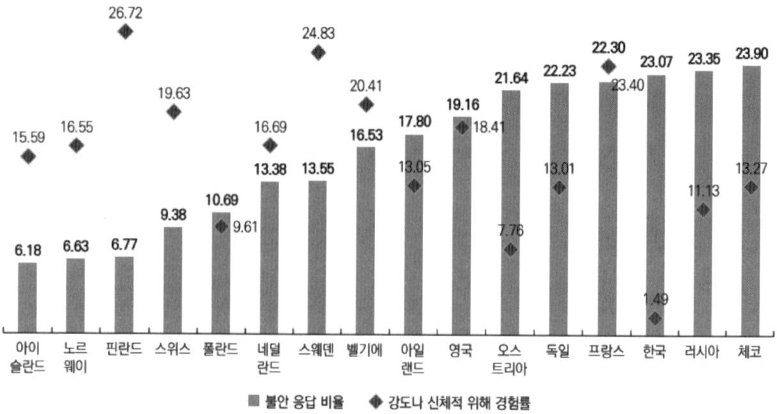

그림 7-1 범죄 불안율과 범죄 피해 경험률[2]

결과에 따르면,[3] 약 10년 동안 살인과 성범죄, 강도, 절도 등 4대 주요 범죄에 대한 보도 건수가 꾸준히 증가하였다. 2001년부터 2009년에는 살인에 대한 언론 보도가 압도적으로 많았으나 2010년 이후에는 성범죄에 대한 보도가 가장 많았다.

그러나 실제 범죄 발생 수는 언론 보도의 수에 비례하지 않았다. 성범죄와 절도는 발생 건수가 꾸준히 증가했지만, 살인은 뚜렷한 변화가 없었다. 특히 강도는 오히려 소폭 감소하는 추세임에도 언론 보도는 증가하였다.

범죄에 대한 국민의 인식은 범죄자에 대한 처벌과 정책 등에 영향을 미친다는 점에서 중요한 요소다. 범죄 사건을 신문이나 텔레비전 등 대중매체에서 상세하게 보도하는 이유는 무엇일까. 푸코는 그 이유를 통제제도의 존속을 위해서라고 설명하였다. 푸코는 "범죄자를 아주 가까운 곳에 두고, 어느 곳에서나 존재하며, 무서워해야 할 존재로 부각시키려는 장기적인 계획"은 "신문을 만들어 내기 시작"하며 이루어졌고, 이는 "사회를 분할하여 감시하는 사법과 경찰 차원의 통제책 전체를 받아들일 수 있게" 한다고 하였다.[4] 즉 "경찰-감옥-범죄"가 "상호 보완적이 되며 결코 중단되지 않는 회로를 형성하는 전체적 양상"인 것이다.[5]

우리나라 교정시설도 경찰과 감옥, 범죄가 상호 보완적으로 연결되어 있어, 범죄의 발생은 감옥의 성공이라는 도식이 성립된다. 과연 범죄에 대한 언론 보도는 경찰과 감옥체제를 유지시키는 통제장치일까, 감옥의 성공이란 어떤 의미인가 등에 대하여 질문하고 깊이 생각할 필요가 있다.

형벌의 비대화로 인한 과밀수용

범죄에 대한 시민의 불안감 상승은 엄벌주의를 더욱 강하게 한다. 이는 자유형의 증가 등 형벌의 비대화를 가져왔다. 과거에 비해 범죄자에 대한 법적인 통제 수단이나 의무 이행을 강제하기 위한 수단인 형벌을 대거 도입하기도 하였다.

형벌의 비대화는 자유형 규정의 상한을 강화한 「형법」의 내용을 통해 확인할 수 있다. 2010년 3월 31일, 「형법」 제42조에 규정된 유기징역 자유형의 상한 기간이 15년에서 30년으로 조정됐고, 유기 자유형은

25년에서 50년으로, 무기 자유형의 가석방 조건은 10년에서 20년 경과로 강화되었다. 시민들의 범죄 불안이 커지자 특별형법이 입법화되기도 했다. 많은 특별형법은 사회 질서를 창출하려는 목적보다는 시민을 안심시키려는 정치적 도구로 이용되기도 한다.[6]

범죄자를 위험한 존재로 간주하고, 이들을 사회에서 장기간 격리하여 안전한 사회를 만들 필요가 있다는 사회적 여론은 법원의 판결에도 영향을 준다.[7] 이로 인해 자유형의 비율은 매년 증가하였다. 2015년 자유형은 51.6%였지만 점차 증가하여 2016년 55.2%, 2017년 56.3%, 2018년 58.9%, 2019년 61.3%를 차지하였다.[8]

범죄에 대한 불안감 상승과 형벌의 비대화는 교정시설의 과밀수용을 불러왔다. 우리나라 교정시설의 정원 대비 수용률은 2023년 118%를 기록하였다.[9] 아시아 국가와 비교해도 2018년 기준 일본이 56.6%, 홍콩이 74%[10]인 것에 비하면 우리나라 교정시설의 수용자 수용률은 매우 높다.

우리나라는 교도관 1명이 맡는 수용자 수도 높다. 2018년 기준 교도관 1명이 맡는 수용자는 3.46명이었다. 일본은 2.8명이었고, 네덜란드는 교도관이 수용자보다 많아 0.6명에 불과하였다.[11] 2023년에도 한국의 교도관 1명당 수용자 수는 3.4명으로 나타났다.[12]

과밀수용은 수용자 1인당 수용 면적에 영향을 미친다. 우리나라는 과밀수용으로 인한 수용자의 소송도 지속적으로 제기되고 있다. 2016년 12월 29일 헌법재판소는 교정시설의 1인당 수용 면적이 1m^2 남짓인 0.3평에 불과한 것에 대하여 위헌이라고 판단하였다. 그러면서 수용자

1인당 최소 2.58m^2인 0.78평 이상의 수용 면적이 확보되어야 한다고 하였다.

수용자의 교정교화에는 교정시설 환경의 영향도 중요하게 작용한다. 그러나 과밀수용 문제는 여전히 해결되지 않고 있다는 점에서 시급하게 대책을 강구할 필요가 있다.

수형자의 위계질서화: 분류전담센터의 운영

수형자를 효율적으로 관리하기 위한 제도로 분류처우제도가 있다. 분류처우는 수형자 관리와 재사회화를 목적으로 일정한 기준에 따라 수형자를 구분하여 처우를 제공하는 것을 말한다.

2016년 「분류센터 운영지침」[13]이 제정되어 분류센터 운영의 법적 근거가 마련되었고, 2017년부터 지방교정청별 분류전담센터가 지정·운영되고 있다. 수형자 분류는 일종의 수형자 개인의 고유한 "개별성을 파악하는 작업"으로서 "새로운 권력"으로 작용하며, "개체 중심적이고 유기체적이며 단계적이고 조립식인 한 개인"인 수형자를 만드는 기능을 수행한다.[14] 수형자를 분류하는 것은 수형자의 특징을 파악하여 더 체계적이고 효율적으로 관리하기 위한 장치라고 할 수 있다.

교정시설에서 실시되고 있는 분류처우는 수용자를 3가지 등급으로 구분한다. 기본수용급과 경비처우급, 개별처우급이다. 기본수용급은 성별, 국적, 나이, 형기 등에 따라 수용시설 등을 구분하는 기준으로 ① 여성수형자(W급: Woman prisoner), ② 외국인수형자(F급: Foreign prisoner), ③ 금고형수형자(I급: Imprisonment sentenced prisoner), ④ 19세 미만의 소년수형자(J급: Juvenile prisoner), ⑤ 23세 미만의 청년수형자(Y급: Young prisoner), ⑥ 65세 이상의 노인수형자(A급: Aged prisoner), ⑦ 형기가 10년 이상인 장기수형자(L급: Long-term prisoner), ⑧ 정신질환 또는 장애가 있는 수형자(M급: Mentally handicapped prisoner), ⑨ 신체질환 또는 장애가 있는 수형자(P급: Physically handicapped prisoner) 등으로 구분한다.

경비처우급은 도주 등의 위험성에 따라 수용시설과 계호의 정도를 구분하고, 개선 정도와 교정 성적에 따라 처우 수준을 구별하는 것으로 개방처우급(S1), 완화경비처우급(S2), 일반경비처우급(S3), 중重경비처우급(S4)이 있다. 2022년 12월 기준 S1은 11.4%, S2는 34.0%, S3는 39.6%, S4는 9.2%였고, 제외 및 유예자는 5.9%였다.[15]

개별처우급은 수형자의 개별적인 특성에 따라 중점처우의 내용을 구별하는 것으로 ① 직업훈련(V급: Vocational training), ② 학과교육(E급: Education curriculum), ③ 생활지도(G급: Guidance), ④ 작업지도(R급: Regular work), ⑤ 관용작업(N급: National employment work), ⑥ 의료처우(T급: Medical treatmen), ⑦ 자치처우(H급: Halfway treatment), ⑧ 개방처우(O급: Open treatment), ⑨ 집중처우(C급: Concentrated treatment) 등으로 구분한다.

교정시설에서의 분류는 수형자에게만 적용되는 것이 아니다. 각 교정시설도 경비 등급을 구분하여 운영하고 있다. 또한 하나의 교정시설 내에서도 구획을 구분하여 경비 등급을 달리 운영한다. 우리나라 교정시설은 개방 시설 1개, 완화경비 시설 13개, 일반경비 시설 35개, 중경비 시설 1개, 혼합경비 시설 2개가 있다. 천안개방교도소가 S1급 시설이고, S2급은 서울남부교도소, 여주교도소 등, S3급은 공주교도소, 화성직업훈련교도소 등, S4급은 경북북부제2교도소 등이 있다.

수형자를 분류하여 수용하는 것은 개개인의 특성을 반영하여 체계적이고 효율적으로 관리하기 위한 시스템이라 할 수 있다. 그러나 이는 수용자를 '성적이 좋은 자'와 '성적이 나쁜 자'로 서로 비교하여 "위계질서화"한다.[16] 교도소에서 모범적인 수형자는 더 나은 처우를 받는 반면, 그렇지 않은 수형자는 더욱 엄격한 감시를 받는다. 이러한 분류 방식이 수형자 간에 위계를 형성하고 교정시설 내 또 다른 질서를 만들고 있지는 않은지 생각해 볼 필요가 있다.

경비처우급과 자기규율: 감시 권력의 내면화

수형자 입장에서 경비처우급은 급에 따라 제공받을 수 있는 처우가 달라지기 때문에 매우 중요하다. 예컨대 취미활동 등 자치생활은 S2급 이상의 수형자만 할 수 있고, 접견도 S1급은 1일 1회, S2급은 월 6회,

S3급은 월 5회, S4급은 월 4회 가능하다. 가족 만남의 날 혹은 사회봉사나 문화공연 등의 사회적 처우는 S2급 이상만 참여할 수 있고, S3급은 처우상 필요시 참여 가능하며, S4급은 참여가 불가능하다. 작업과 외부 직업훈련도 S2급 이상의 수형자만 참여할 수 있다. 또한 S1급 수형자에게만 허용되는 처우 중 하나로 지급되는 물품의 색상과 디자인을 다르게 하기도 한다.

다양한 처우를 누리기 위해서 수형자는 점수를 잘 받아야 한다. 수형자의 경비처우급을 판정하는 데는 과거 저지른 범죄 관련 사항과 위험성 및 개선도 평가, 도주 또는 위험정도 등이 포함된다. 특히 수형생활 태도(품행, 책임감, 협동심), 작업 또는 교육 성적(근면성, 작업교육 실적) 등은 푸코의 관점에서 볼 때 규율 권력의 내면화 기제로 작동한다.

이러한 시스템은 '투명한 감옥'을 만들어 낸다. 교도관이 힘을 쓰지 않아도, 고함을 치지 않아도 수형자 스스로가 자신을 감시하며 살아가도록 만드는 구조이다. 미셸 푸코가 말한 자기 감시의 규율사회가 교도소에서 선명하게 구현되고 있는 것이다.

무엇보다도 수형자에게 중요한 가석방 역시 경비처우급의 영향을 받는다. 점수를 잘 받고 모범수가 되면 조기 가석방 가능성이 높아진다. 경비처우급이 가석방의 결정 요인 중 하나로 작용하며, 점수는 단지 처우의 수준을 결정하는 것을 넘어 '출소 시기'에 영향을 미치는 실질적 권력 수단으로 기능하고 있다.

말하자면 교도소 내 경비처우급제도는 수형자의 행위와 태도를 체계적으로 감시하고 유도하기 위한 감시-통제구조이다. 수형자 개인은 이 구조 속에서 자기규율 주체로 스스로를 내면화한다. 이는 물리적 감시 없이도 지속 가능한 통제를 하는, 현대 교정행정의 핵심 장치로 기능하고 있다.

마이너리티 리포트의 구현: 위험관리를 위한 교정재범예측지표의 탄생

영화 〈마이너리티 리포트〉는 우리에게 충격적인 질문을 던진다. '미래의 범죄를 예측할 수 있다면, 이를 바탕으로 누군가를 범인으로 체포할 수 있는가?' 주인공은 자신이 살인을 저지를 것이라는 예측을 받고 도망친다. 그는 억울함을 호소하고, 그 예언이 과연 맞을지 고민한다. 예측이 절대적일 수 있는가? 인간의 자유의지는 어디로 갔는가?

이 질문은 영화 속 이야기로만 머무르지 않는다. 실제로도 교도소에서 '예측'은 중요한 기능이 되었다. 수형자의 재범 위험성을 등급으로 나누는 '교정재범예측지표(REPI)'가 그 중심에 있다. REPI는 범죄 형기, 정신 건강, 교정 성적 등을 점수화하여 REPI-1(재범 위험성 거의 없음)부터 REPI-5(매우 높음)까지 5등급으로 구분한다. REPI는 신입 심사용(REPI-신입)과 정기·부정기 재심사용(REPI-재심사)이 있다. 신입 심사는 입소 직후에, 정기 재심사는 형기 3분의 2 시점에 진행한다. 무기형 혹은 장기형(형기 20년 초과)은 수감 20년 경과 후 3년 주기로 재평가를 수행한다. REPI-5 수형자는 2년 내 재복역률이 43.9%이었지만, REPI-1 수형자는 1.3%에 불과하였다.

REPI는 수형자의 분류, 처우, 교육과정, 상담 여부 등을 결정하는 주요 기준으로 작용한다. 예컨대 2020년 심리치료 프로그램 운영 계획에 따르면, 마약류사범의 경우 REPI 등급 등에 따라 집중과정, 기본과정, 단기교육과정으로 나뉜다.[17] 집중과정은 4범 이상이거나 REPI 등급이 4~5급인 자를 대상으로 하는 교육으로 수용자는 2개월간 20회기 이상의 교육에 참여해야 한다. 기본과정은 4범 미만을 대상으로 1개월 8회기 교육이 제공되고, 단기교육과정은 월 1회 2시간 교육이 제공된다. 또한 규율위반자를 대상으로 하는 심리치료 프로그램도 분류심사 결과를 기반으로 이루어진다. 심화과정은 1년 내 3회 이상 징벌을 받은 자 혹은 분류심사 결과 치료 필요자가 속하고, 2개월 50시간 이상의 교육이 제공된다. 기본과정은 징벌 등 처분을 받은 자 중 심리치료 필요성이 인정되는 자로 1개월 8회기 이상의 교육이 제공된다. 〔표 7-1〕과 같이 교도소는 수형자에 대한 재범 위험성을 평가하여 심리치료 프로그램를 다르게 제공하고 있다.

'평가'에 따라 교육 기회, 상담 횟수가 결정되는 구조 속에서 수형자는 자연스럽게 스스로를 통제하고, 순응하는 존재로 변화한다. 미셸 푸코가 말했듯 평가는 보이지 않는 권력으로서 수형자를 "스스로 감시하는 사람"으로 만든다.

표 7-1 교도소 심리치료 프로그램 과정 구분[18]

구분	과정구분	대상자 선정기준	기간(회기 등)
성폭력사범	집중과정	이수명령시간 100시간 초과 재범 위험성 평가(REPI) '중'	3개월(200시간 이상) 연 2회 이상
	기본과정	이수명령시간 100시간 이하 재범 위험성 평가(REPI) '저'	2개월(100시간 이상) 연 3회 이상
	유지과정	심화과정 수료자 중 잔여 형기 1년 이내	1개월(20시간) 연 1회 이상
알코올 관련 사범	집중과정	알코올검사 (AUDIT-K 10점 이상 20점 미만/ CoPAT 13점 이상 23점 미만)	1개월(10회기 이상) 반기 1회 이상
	기본과정	알코올검사 (AUDIT-K 10점 미만/ CoPAT 13점 미만)	1개월(6회기 이상) 반기 1회 이상
마약류사범	집중과정	범수 4범 이상/ 재범 위험성(REPI) 4~5등급	2개월(20회기 이상) 반기 1회 이상
	기본과정	범수 4범 미만/단, 범수 4범 이상 가능 (재활의지 여부로 기관 자체 판단)	1개월(8회기 이상) 반기 1회 이상
	단기교육과정	마약류사범(투약, 판매, 제조 등)	월 1회(2시간)
도박사범	전문과정	도박(도박장 개설 및 방조 제외) 죄명	5회기 수시
규율 위반자	심화과정	1년 내 3회 이상 징벌을 받은 자, 분류심사 결과 치료 필요자 등	2개월(50시간 이상) 분기 1회 이상
	기본과정	조사, 징벌 등 처분을 받은 자 중 심리치료 필요성이 인정되는 자	1개월(8회기 이상) 수시
도벽사범	집중과정	절도 죄명, K-SAS 점수 21점 이상, 단, 재활의지가 높은 자 선정 가능	1개월(10회 50시간) 연 5회

평가의 객관성과 공정성에 대한 비판도 존재한다. 일부 수형자는 "일하기 싫어서" 의도적으로 검사 결과가 낮게 나오도록 조작하기도 한다. 또한 2023년 국가인권위원회는 REPI가 정적 요인을 위주로 구성되어

있다며 문제를 지적하였다. 수형자의 범죄 당시 직업, 입소 전 경제 상태, 동거 횟수, 학력, 가족관계 등 변화하기 어려운 항목이 주를 이루기 때문에 수형생활 중 교정교육에의 참여 태도나 반성 등의 동적 변화는 점수에 반영하지 못하는 것이다. 예를 들어 성실하게 교도작업에 참여한 모범수여도 과거 범죄에 따라 높은 REPI 점수를 받는다. 교정 현장에서도 REPI에 대한 의문과 불신이 존재한다. REPI 점수를 높게 받았지만 처우 등급은 개방처우급(S1)으로 분류된 사례도 있었다.[19]

국가인권위원회에서도 인권침해 가능성을 지적하며 개선될 필요가 있다고 말하기도 하였다.[20] 예를 들어 '범죄 시 직업' 항목에서는 무직자일수록 재범 위험이 높다고 판단하여 점수를 부여하고, '학력' 항목에서는 중졸 이하 수형자는 자동으로 높은 위험군으로 평가된다. 이는 단순한 수치가 아니라, 사회적 낙인을 정당화하는 도구로 사용될 수 있다.

REPI는 재범을 예방하기 위한 지표지만 수형자의 권리를 제한하는 도구로 기능하고 있다. 앞으로 예측의 윤리성과 평가 항목의 적절성에 대한 지속적 검토와 개선이 필수적이다.

수형자의 위험성을 평가하여 구분하는 것은 「분류센터 운영지침」에도 근거가 마련되어 있다. 2016년 제정된 「분류센터 운영지침」 제6조(위험관리수준 평가)는 성장 배경, 범죄 환경, 범죄 경력, 심리적 위험 요인, 수형자 개별처우계획 수립, 그 밖에 사회 안전 및 재범 위험성 평가에 관한 사항 등에 대하여 평가한다고 명시하였다. 2025년 제6조는 '다면적 평가'로 개정되면서 평가의 요소가 다음과 같이 변경되었다.

제6조(다면적 평가) ① 분류센터장은 분류센터 심사대상자의 다면적 평가를 위하여 다음 각 호의 사항을 심사한다.

1. 경제수준, 가족관계 등 일반적으로 재범을 예측하는 데 공통 적용되는 요인
2. 살인, 성폭력 등 범죄유형별 재범위험성 평가 요인과 관련된 사항
3. 범죄적 사고 등 범죄유발요인 관련 사항
4. 프로그램 참여 능력, 동기 수준 등 수형자 개별처우 계획 수립에 관한 사항
5. 그 밖에 사회안전 및 재범의 위험성 평가에 관한 사항

② 제1항에 따른 다면적 평가는 신입심사 시와 석방 전에 실시한다.

2016년에는 위험관리수준을 1등급부터 4등급으로 나누었지만 2025년 「분류센터 운영지침」을 개정한 후에는 위험관리수준에서 위험성수준으로 용어가 바뀌었다. 위험성도 '보통', '높음', '매우높음' 3가지로 구분하였다. 변경 내용은 〔표 7-2〕와 같다.

위험관리 평가가 다면적 평가로 변경된 것은 단일한 방식으로 위험성을 구분하던 것을 개선하려는 시도다. 특히 프로그램 참여 능력과 동기 수준 등을 고려하는 것은 수용자의 변화 가능성에 중심을 둔 평가가 가능해진다는 점에서 의미가 있다. 이러한 평가는 수용자의 특성을 다각도로 이해하고, 맞춤형 프로그램을 기획·운영하는 기초 자료로 활용될 수 있다. 평가와 처우 설계, 운영, 평가의 순환체계가 가능해지는 것

표 7-2 위험성 수준의 구분 변경[21]

2016년 제정 내용	2025년 3월 개정 이후 내용
1등급: 범죄의 위험성과 재범가능성이 낮게 평가된 사람으로 교정기관의 통상적인 처우·관리가 가능한 수준	보통: 고위험 범죄의 위험성과 재범가능성이 보통인 수준으로 위험성 완화를 위한 치료·교육 프로그램 등 통상적인 수준의 처우제시가 필요한 단계
2등급: 범죄의 위험성과 재범가능성이 보통으로 평가된 사람으로 교정기관의 통상적인 처우·관리가 가능하고, 석방 시 필요한 경우 재범방지를 위하여 유관기관의 개입이 필요한 수준	높음: 고위험 범죄의 위험성과 재범가능성이 높은 수준으로 위험성 완화를 위한 치료·교육 프로그램 등 집중적인 수준의 처우제시가 필요한 단계
3등급: 범죄의 위험성과 재범가능성이 높게 평가된 사람으로 석방 시 재범방지를 위하여 유관기관의 적극적인 개입과 재범위험 관리가 필요한 수준	매우높음: 고위험 범죄의 위험성과 재범가능성이 매우 높은 수준으로 위험성 완화를 위한 치료·교육 프로그램 등 적극적인 수준의 처우제시가 필요한 단계
4등급: 범죄의 위험성과 재범가능성이 매우 높게 평가된 특별관리 대상자로 석방 시 재범방지를 위하여 유관기관의 실질적인 개입과 원조적 관리가 필요한 수준	삭제

이다.

수용자의 교정교화를 위해서는 그 사람의 과거보다도 앞으로의 가능성과 변화 의지를 더 중요하게 여겨야 한다. 수치를 넘어 사람을 보는 교정 시스템, 그것이 우리가 진정으로 나아가야 할 방향이다.

‘교정교화 종합대책’ 발표

2013년 8월 28일, 법무부는 ‘교정교화 종합대책’을 발표하였다. 이 부분을 2014년 이후의 시대에서 다루는 이유는 종합대책에서 발표한 내용이 2014년 이후에 본격적으로 실시되었기 때문이다. 대책의 핵심 목표는 수용자의 인성을 변화시켜 재범률을 줄이는 것이다. 실질적인 교정과 교화를 통해 수용자가 사회로 돌아갈 수 있도록 돕겠다는 취지다.

이 대책은 같은 해 6월 출범한 ‘교정정책자문단’의 자문을 바탕으로 수립되었다. 교정정책자문단은 다양한 전문가들의 의견을 모아 교정교화 프로그램을 국민의 눈높이에 맞춰 개발하고, 교정정책을 검토·평가하기 위해 만들어진 기구다. 법무부는 이를 통해 교정행정을 더욱 효과적으로 운영하고자 했다.

‘교정교화 종합대책’은 여러 가지 세부 대책을 포함하고 있다. 그중에서도 대표적으로 집중인성교육 강화, 자원봉사 활성화, 학습이력 관리 등이 있다.

집중인성교육의 시작

2013년 발표한 교정교화 종합대책의 가장 핵심은 집중인성교육을 도입한 것이다. 집중인성교육은 민영교도소인 소망교도소에서 가장 먼저 실시하였다.

2010년 12월 소망교도소 설립 당시 수형자는 누구나 2개월의 기초 인성교육을 받고, 이후 6개월간 집중 인성교육을 받았다. 이는 수형자에게 자신의 삶을 돌아보고, 감정을 다루고, 타인을 이해하는 방법을 알게 해주었다. 인성교육을 마친 후에는 직업교육, 학교 수업, 공장 실습 등 실질적인 사회 적응 프로그램이 이어졌다. 출소 전에는 인생 설계와 취업 준비, 출소 후에는 자원봉사자들과 함께 어려움을 나누는 사후 관리까지 이어서 이루어졌다.

인성교육 이후 소망교도소 수형자의 재범률은 2.59%로 나타났다.[22] 전국 평균인 22.4%에 비해 무려 19.8%나 낮은 수치다. 법무부는 소망교도소의 성과에 주목했고, 2013년 교정교화 종합대책을 통해 이 인성교육 모델을 국영교도소에도 확대 도입하기로 결정하였다.

교정교화 종합대책에서 제시된 집중인성교육의 종류와 대상자 등은 [표 7-3]과 같다. 교육은 크게 3가지 종류로 구분되고, 교육종류별 대상자는 형기에 따라 달라진다.[23]

표 7-3 집중인성교육의 종류

종류	대상자	기관	기간	교육내용	비고
집중인성교육 I	형기 1년 미만	구치소	1개월	인성교육 ※ 주 1회 아버지학교 (비종교 프로그램)	100시간
집중인성교육 II	형기 1~5년	일반 교도소	1개월	인성교육	100시간

종류	대상자	기관	기간	교육내용	비고
집중인성교육 III	형기 5년 이상	전담 교도소	3개월	- 모듈1: 인성교육 - 모듈2: 인성교육, 직업훈련 체험 - 모듈3: 종교교육, 직업훈련 체험	300시간

2015년부터는 집중인성교육의 대상자 기준이 변경되었고, 교육시간이 축소되었다. 집중인성교육의 변경된 내용은 〔표 7-4〕와 같다.[24]

표 7-4 수형자 집중인성교육 유형별 교육대상, 교육시간, 교육기관

교육종류	교육대상	교육시간	교육기관
집중인성교육 I	잔여 형기 3개월 미만	35시간	형 확정 기관
집중인성교육 II	형기 5년 미만 (잔여 형기 3개월 이상)	100시간	형 확정 후 이입 기관 (잔류자는 형 확정 기관)
집중인성교육 III	형기 5년 이상	300시간	전담교도소

* III과정 전담교도소: 여주(교), 부산(교), 대전(교), 청주(여).

위의 표와 같이 2015년 집중인성교육 I의 대상자 선정 기준이 형기 1년 미만에서 수형자의 잔여 형기 3개월 미만으로 변경되었고, 교육시간도 100시간에서 35시간으로 축소되었다.

2015년에 시행되었던 집중인성교육 I은 신입 수형자교육(20시간)과 석방 전 교육(15시간)으로 구성되어 있었다. 집중인성교육 II와 III의 공통 프로그램 교육목적과 주요 내용은 〔표 7-5〕와 같다. 헌법가치교육, 인문학, 동기 부여, 긍정 심리 등 15가지의 프로그램으로 구성되었다.[25]

표 7-5 집중인성교육 II와 III의 공통 프로그램 교육목적 및 주요 내용

프로그램명	교육목적	주요 내용
1. 헌법가치 교육	헌법가치에 대한 내용을 배움으로써 법질서 준수 유도	민주주의 원리, 권리와 책임, 정의 법치주의 등 헌법가치의 이해와 고찰
2. 인문학	인간과 세상, 삶의 본질에 대한 깊이 있는 이해와 성찰의 기회를 제공함으로써 자존감 회복 및 건강한 사회복귀 도모	문학, 역사, 철학, 예술 등 다양한 분야
3. 동기 부여	출소자, 장애인 등 어려움을 극복하고 성공한 사람의 스토리를 통해 새 삶에 대한 동기 부여	역경 극복, 긍정 마인드 고취 등
4. 긍정 심리	심리적 장애 및 부적응적 사회 행동을 감소시키고 긍정적 사고 향상	감사 나눔 등
5. 분노 조절	수형자라는 사회적 낙인과 구금에서 오는 낮아진 자존감을 심리중재 프로그램을 통하여 높여주고 수형자의 정서를 긍정적으로 변화	명상, 분노 상황 이해하기 등
6. 가족관계 회복	가족 간의 갈등을 치유하여 건강한 가족관계 형성	좋은 부모 되기, 자녀와의 대화법, 어머니학교, 아버지학교 등
7. 대인관계 회복	커뮤니케이션 기술 및 타인에 대한 이해 증진을 통해 원만한 대인관계 형성	상대가 갖고 있는 문제를 새롭게 보고, 느끼고, 생각하고, 알 수 있는 가능성 열기, 커뮤니케이션 알기, 듣기 연습 등
8. 미술치유	자신의 내면세계 이해, 그림을 도구로 이용하여 자신의 무의식 세계에 대한 이해 증진	자화상 그리기, 가족 그리기, 신문 찢기로 스트레스 해소하기, 점토 이용 조형물 만들기 등
9. 음악치유	음악을 통한 심성 순화	악기 다루기, 음악 감상, 노래 부르기 등
10. 웃음치유	웃음을 통한 긍정적 마인드 형성	웃음의 신경생리적 효과 체험, 내면에 숨겨진 감정 단어 확인 등
11. 독서치유	다양한 문학작품 등을 매개로 한 지식 습득 및 정서 함양	책 속 등장인물에 투사된 자아 직면하기, 글쓰기 및 자기감정 이야기하기 등

프로그램명	교육목적	주요 내용
12. 연극치유	심리극을 통해 자신의 내면세계 및 상대방 이해, 상황극을 통한 인간관계 대처 능력 향상	심리극, 상황극 등
13. 동작치유	비언어인 신체 표현을 통해 내면에 숨겨진 자아 발견	신체언어를 통한 자아 탐구 등
14. 영상교육	영상을 통해 새 삶에 대한 동기 부여 및 평범한 일상의 소중함 인식과 교양 습득	인간승리 영화, 다큐멘터리, 교양 강연 등 상영
15. 신체활동	스포츠 활동을 통해 배려, 협동심, 준법의식을 향상	체육활동, 요가 등

집중인성교육의 내용을 보면, 많은 부분이 심리치료나 상담, 치유로 구성되어 있다. 인성교육에 심리치료 등 심리에 관련된 내용이 많이 포함되어 있는 것은 2010년 이후로 우리나라에 심리학 전문가들이 증가한 것과 맥을 함께한다. 교도소에서도 임상상담사, 심리치료 전문가 등을 따로 채용하기도 했고, 심리치료센터를 독립적으로 확대해 나가기도 했다.

또한 성폭력사범 문제가 이슈가 되면서 이들을 변화시키기 위한 대표적 방법으로 심리치료가 필요하다는 다수의 논문과 학회의 발표가 있었고, 이 내용이 인성교육에도 반영되었다. 이는 교정시설에 심리치료 기능이 교육의 일환으로서 작동하고 있다는 것을 말한다. 그 결과 '교육'과 '심리치료' 혹은 '상담'이 결합하면서 '교육'이라고 이름 붙은 활동에 '심리치료'가 섞이고, 반대로 '심리치료'라고 이름 붙은 활동에 '교육' 활동이 섞인 형태가 구현되고 있다.

교육은 심리치료나 상담과 유사하지만 다른 활동이다. 이 개념들은 모두 인간이 긍정적인 방향으로 변화하는 것을 목적으로 하지만 활동이 이루어지는 양상과 내용은 다르다. 교정시설에 교육 전문가가 배치되고 확대된다면, 교도소는 진정한 배움과 학습이 일어나는 '교육'의 장으로서 거듭날 수 있을 것이다.

집중인성교육의 한계와 축소

집중인성교육은 시작된 이후 2015년에 축소되고 2016년에 다시 한번 축소되는 등 지속적으로 축소되었다. 집중인성교육 I은 '석방 전 교육'으로 일원화되고, 집중인성교육 III은 300시간에서 220시간으로 축소되었다. 집중인성교육 I과정이 석방 전 교육으로 일원화된 형식적 이유는 "신입 수형자교육(20시간) + 석방 전 교육(15시간) 등 총 35시간으로 구성되어 있어 실질적 의미의 인성교육이라 할 수 없다"는 것이다.[26] 또한 집중인성교육 II와 III에 대해서는 기존의 신입 수형자교육과 "많은 부분 중복되고 있어, 교육 효과 극대화를 위해" 축소하겠다고 언급하였다. 특히 III과정은 "지나치게 많은 교육시간(300시간)으로 인해 중복된 교육 프로그램 편성, 예산 부족으로 인한 역량 있는 전문 강사 활용 곤란 등의 문제점"이 있다고 하였다.[27]

□ 집중인성교육 I과정 개선

○ 잔여형기 3개월 미만 수형자를 대상으로 하는 I과정의 경우, 신입수형자교육(20시간) + 석방전교육(15시간) 등 총 35시간으로 구성되어 있어 실질적 의미의 인성교육이라 할 수 없음.

○ 집중인성교육 I과정은 출소 이후 재범 불안 기간 극복 및 사회 연착륙에 필요한 사회복지서비스 이용 방법, 취업 안내, 출소 후 생활 심층상담 등 출소예정자 사회복귀지원에 필요한 교육으로 대체·내용 보완 및 강화

□ 집중인성교육 II·III 과정 교육 프로그램 개선

○ 기존 신입수형자교육(20시간)은 프로그램 구성에 있어 집중인성교육과 많은 부분이 중복되고 있어, 교육 효과 극대화를 위해 집중인성교육 내 「수용생활 오리엔테이션」 과정으로 통합·운영.

※ 중복 프로그램: 대인관계 회복, MBTI 성격유형 검사, 긍정 심리, 타임캡슐 등[28]

집중인성교육에 대한 개선 방침이 나온 후 변경된 내용은 〔표 7-6〕과 같다. I과정은 폐지하고, II과정은 '기본과정'으로 100시간, III과정은 '심화과정' 220시간으로 변경했다.[29]

집중인성교육은 이후에도 지속적으로 축소되었다. 2018년에는 '기본과정'을 70시간으로 축소하였다. 2019년에는 '기본과정'을 '기본교

표 7-6 집중인성교육 변경 주요 내용

변경 전(2015년)	변경 후(2016년)	비고
I과정(35시간)	석방 전 교육으로 일원화	- 사회복귀지원교육 등으로 대체·교육 강화
II과정(100시간)	기본과정(100시간)	- 재범 위험성 개선 요인에 따른 교육 프로그램 변경
III과정(300시간)	심화과정(220시간)	- 교육 프로그램 변경, 전문강사제 도입 - 교육시간 조정(직업훈련 체험 일부 축소) - 교육 수료 후 5년 경과 시 100시간 재교육

육'으로 명칭을 변경하였고, 70시간의 교육시간을 유지하되, 심화과정은 폐지하였다.

이와 같이 집중인성교육이 지속적으로 축소된 형식적 이유는 "기본과정과 심화과정 모두 효과가 검증되었기 때문에 심화과정을 기본과정으로 대체하더라도 지금과 같은 교육 효과가 있을 것으로 판단"된다는 것이었다.[30] 또한 교육이수율이 43.7%로 저조하고(2019년 교육 대상자 약 2만여 명 중 8,745명이 교육을 이수), 운영지원작업 등 출력 중에 교육을 받는 교육생이 40%로 현장의 혼란을 야기하여 수형생활에 불안정을 초래한다는 것 등도 교육 축소의 근거였다. 따라서 집중인성교육은 "단일화"되어야 한다고 하였다.[31]

○ 집중인성교육 기본·심화과정 모두 그 효과성에 있어 재범위험성이 개선되었다는 긍정적인 결과는 나타나고 있으나, 현재 집중인성교육 과정 운영이 단순 형기의 장·단기에 따라 구분되는 측면이 강하고,

○ 형기가 긴 수형자가 반드시 재범위험성이 높은 것도, 장시간 교육을 받아야만 범죄성이 개선된다는 사고는 논리적으로 타당하지 않고, 확증된 연구결과 또한 찾아볼 수 없음.[32]

그러나 집중인성교육이 축소된 것은 정권의 교체와 밀접한 영향이 있었을 것으로 보인다. 2013년 집중인성교육에 대한 방침이 당시 법무부장관이 바뀌면서 나온 것을 보면, 교육에 대한 변화에도 정권의 영향이 반영되었을 것이다. 황교안 장관이 법무부장관으로 재임한 기간은 2013년 3월 11일부터 2015년 6월 17일까지였고, 이후 김현웅 장관은 2015년 7월 9일부터 2016년 11월 28일까지, 박상기 장관은 2017년 7월 19일부터 2019년 9월 8일까지 재임했다. 인성교육이 크게 축소된 시기도 2015년과 2019년이라는 점에서 수용자의 교육은 정권의 변화와 큰 관련이 있을 것이다.

집중인성교육의 교육과정은 학습자로서 수용자에 대한 충분한 고민 없이 정권 변화에 따라 급하게 만들고 조절되었다. 인성교육을 축소하기 위해 효과성 검증 등이 수행되기는 했으나, 장기적인 효과나 타당성에 대한 검증은 이루어지지 않았다.

이와 같은 운영으로 인해 집중인성교육이 실제로 이루어지는 현장에서도 교육과정 운영에 대한 고민이 심각하다. 집중인성교육은 표준 교육과정이 없기 때문에 각 교도소의 담당 교도관이 직접 강사를 섭외하여 교육과정을 구상한다. 어느 교도관의 수필집에서도 인성교육 담당

교도관이 “애써 강사진을 섭외하고 정성 들여 만든 과정을 진행”한다고 한 것에서도 알 수 있다.[33] 집중인성교육의 문제점인 표준화된 프로그램의 부재[34]도 학습자로서 수용자에 대한 충분한 고민 없이 정치적 변화에 따라 실시된 집중인성교육의 한계를 보인다.

위험관리수준에 따른 교육 제공

집중인성교육의 변화에서 중요하게 볼 만한 점은 교육대상자 선정 방식의 변화다. 2018년에는 집중인성교육이 축소된 것 외에 교육대상자를 선정하는 방식과 조건도 변화되었다. 법무부 사회복귀과는 집중인성교육의 문제점으로 “단기 형기 기준에 따른 심화과정 대상자 선정”을 지적했고, 그 대안으로 재범 위험성 여부를 판단하여 심화과정 대상자를 선정해야 한다는 의견을 제시하였다.[35]

이후 집중인성교육은 교정재범예측지표에 따라 ‘기본과정’은 1등급과 2등급 수형자, ‘심화과정’은 3~5등급 수형자를 배치하였다. 2019년에는 앞서 언급했듯 ‘기본과정’을 ‘기본교육’으로 명칭을 변경하였고, 70시간의 교육시간을 유지하되, 심화과정은 폐지하였다.

집중인성교육 대상자를 재범 위험성 지표로 분류하는 것은 수용자를 더욱 철저히 자기규율 수용자가 되게 한다. 이 시대 수용자의 변화는 위험관리수준이 낮은 자로의 변화를 의미하는데, 이것을 판단하는 대표적 지표가 재범 위험성이기 때문이다. 수용자의 재범 위험성이 낮은 수준으로 판단되면 집중인성교육을 많이 듣지 않아도 되고, 위험관리수준도 낮아져 다양한 처우를 누릴 수 있다. 말하자면 수용자를 일정한 지표로 분류하는 것은 교정교육의 효과를 증대하기 위한 목적에서 실시되었지만, 동시에 수용자를 더욱 자기규율하는 자로 변화시킨다. 즉, 수용자를 분류하여 실시하는 집중인성교육이 수용자를 자기규율하는 주체로 강화하고 있음을 말한다.

여기서 주목할 만한 점은 교도소에서 인성교육을 채찍으로 활용한다는 것이다. 수용자가 일종의 벌로써 교육을 받아야 한다는 생각을 가지면, 교육이나 학습에 대해 좋지 않은 인식을 가질 수 있다. 교육과 학습은 출소 후 안정적인 삶을 살아가기 위해서 삶의 전 과정에 걸쳐 매우 중요하다. 교육을 당근으로 제공할지, 채찍으로 제공할지 결정하는 것은 어려운 일이다. 그럼에도 교정교육은 수형자에 대한 충분한 이해와 고민을 토대로 수행해야 할 필요가 있다.

학습총량관리제: 교도소에서의 '학습이력' 관리

2013년 7월, 법무부 교정본부는 '수형자 교정교화 종합대책'에서 '학습총량관리제' 도입을 공식화했다. 학습총량관리제는 "입소부터 출소까지 보라미시스템을 활용한 학습이력의 체계적 관리"를 하는 것으로,

"국가평생교육진흥원과 연계하여 수형자의 평생학습계좌를 개설하고, 교정교화 학습시간을 학습계좌로 누적·관리"하는 제도다.[36] 연간 20~50시간을 '기준학습시간'으로 부여하여 이수하도록 하고, '학습인센티브 시스템'도 도입하여 기준학습시간 이수 시 학습 점수를 부여한다고 하였다. 일정 점수를 초과한 경우 귀휴나 가족접견 등 처우 대상자로 우선하여 선발하고, 가석방 등에 반영한다고 발표하였다.

그러나 이 제도가 실질적으로 얼마나 잘 활용되고 있는지는 미지수다. 특히 학습총량관리제가 수형자의 변화에 얼마나 영향을 미치는지, 가석방 등의 혜택을 받기 위하여 교육의 총량만을 채우는 것은 아닌지에 대한 의문이 남는다. 사회에서는 "교도소에서 재소자교육을 어떻게 하길래 문제가 계속 생기냐"고 묻지만, 이에 답할 근거 자료가 부족한 것이다. 한 연구참여자에게 들은 다음과 같은 이야기는 이러한 의문을 더욱 증폭시킨다.

> 교도소에서 수형자들에게 교육을 많이 시키지만, 정확히 몇 시간을 들었는지, 어떤 교육을 받았는지에 대한 기록이 부족했어요. 기자들이 '도대체 교도소에서는 재소자교육을 어떻게 시키길래 이렇게 사회문제가 계속 생기냐'고 물어보는데, 대답할 근거가 없었던 거죠. 그래서 '시스템화' 하자는 논의가 나왔어요. (인터뷰 내용 中)

즉, 학습총량관리제는 실제로 수형자의 변화를 목표로 했다기보다는

'수형자 교정교육이 이루어지고 있다'는 근거를 마련하기 위한 목적이 더 컸던 것으로 보인다. 교도소에서 교육을 체계적으로 운영하는 것은 분명 필요하지만, 그 교육이 단순한 '기록'이 아니라 실질적인 변화를 만들어 낼 수 있도록 하는 것이 무엇보다 중요하다.

두 얼굴의 교도관: 감시자와 상담자 사이에서

교도소 안에서 교도관은 늘 긴장의 중심에 있다. 수용자를 관리하고, 통제하고, 질서를 유지해야 한다. 그런데 그 교도관이 어느 날 상담실에 앉아 따뜻한 말로 마음을 보듬어 준다면, 수용자는 어떤 기분이 들까? 마치 두 얼굴을 가진 신 '야누스'처럼 느껴질지도 모른다.

그림 7-2 두 얼굴의 교도관

과거 교도관의 역할은 단순했다. 감시와 통제를 하는 것이었다. 그러나 감옥의 이름이 형무소에서 '교도소'로 바뀌고, 형무관이 '교도관'으로 명칭이 바뀌면서 그 역할도 변화했다. 교도소는 단순한 처벌의 공간이 아니라, '교정과 교화'의 공간이 되어야 한다는 철학이 명칭 안에 담겨 있다.

2010년 이후, 심리치료와 상담의 중요성이 강조되면서 교도관에게는 또 다른 역할이 주어졌다. 마음을 돌보는 사람, 상담자, 교육자로서의 임무다. 하지만 이중 역할은 교도관에게 심리적인 갈등과 혼란을 불러온다. 상담실에 들어서는 순간 감시와 통제의 대상이었던 수용자에게 공감과 지지를 제공해야 하기 때문이다.

한 교도소 교도관은 이렇게 말한다. "수용자가 상담사인 나에게 마음을 열었다가, 다시 '엄격한 교도관'으로 마주하면 '섭섭하다'는 반응을 보이기도 한다"는 것이다. 이렇듯 상담자이면서 동시에 감시자 역할을 수행해야 하는 교도관의 입장은, 수용자와의 신뢰 형성에 있어 근본적인 한계를 지닌다.

문제는 상담사 또한 교도관이다 보니 불가피하게 '역할 충돌'이 발생하는 점이다. 교도관으로서 수용자를 엄하게 지적하고 통제하다가, 상담 업무에선 갑자기 마음을 보듬는 역할을 해야 하니 두 역할 간 갈등이 생기는 것이다. 이는 상담사와 수용자 간 신뢰관계 형성에도 악영향을 미칠 수 있단다. 상담사를 믿고 속내를 털어놨던 수용자들이, 해당 상담사가 교도관 본연

의 역할에 따라 다시 엄한 통제를 하면 '나한테 섭섭하게 대한다'고 생각하는 것이다.[37]

전문가들이 지적했듯 교정 상담은 사회 내 전문가와의 연계로 이루어져야 할 것이다.[38] 수용자와 진정한 심리적 관계를 맺고 지속적인 회복을 하기 위해서는 감시자가 아닌 제3자, 독립적인 상담 전문가의 개입이 필요하다.

두 얼굴 사이에서 균형을 잡으려는 교도관의 고민은, 결국 우리가 교도소를 어떤 곳으로 만들고 싶은가라는 질문으로 이어진다. 교도소가 '사람을 바꾸는 공간'이 되기 위해서는, 그 공간을 이끄는 사람들의 역할과 조건 역시 달라져야 할 것이다.

자원봉사를 통한 교정교화

2013년 '교정교화 종합대책'의 주요 내용 중 하나는 자원봉사 활성화다. 일반 시민이 직접 교정과정에 참여하도록 하는 것이다. 특히 교정위원 단체를 활용한 '1:1 멘토링'과 '스킨십 있는 상담'이 제안되었다. 교정위원이 수형자와 더 가까이 소통하며, 법적·행정적 관리가 아닌 진정한 교화의 기회를 제공하고자 한 것이다.

교정시설에 자원봉사를 활용하겠다는 것은 민영 소망교도소의 운영 방식에서 착안한 것이다. 민영 소망교도소에서 일반 시민의 자원봉사를 적극 활용한 것은 국영교도소에서 교정처우의 질이 낮아져 재범률이 감소하지 않는다는 비판 때문이었다. 이에 수용자를 교화하여 재범률을 감소시키기 위해서는 교도소 밖 일반 시민의 참여와 적극적인 협조가 필수라는 논의가 나왔다.

교도관인 연구참여자는 교정에 일반 시민 자원봉사자가 참여할 시의 장점에 대하여 다음과 같이 이야기하였다. "행정이 얽혀" 수용자를 교화하는 것이 쉽지 않지만 "자원봉사자는 행정력이 얽혀 있지 않기" 때문에 "순수하게 교육을 만날 수 있는 장점"이 있다는 것이다. 교도관은 수용자를 관리하고 감독하는 일도 해야 하지만 일반 시민 자원봉사자는 이들을 관리·감독하지 않기 때문에 교화에 더 많은 효과를 가져올 수 있다는 것이다.

시민의 자원봉사를 활용한 교정교화는 수형자의 재사회화를 위한 핵심 요소라고 할 수 있다. 앞으로의 교정정책은 사회적 연계를 강화하는 방향으로 발전할 필요가 있다.

교도소 밖의 일반 시민이 수형자의 교화과정에 참여하기 시작한 것은 오래전부터다. 우리나라에서는 그 시작을 1961년 「갱생보호법」 제정에서 찾을 수 있다. 「갱생보호법」의 목적(제1조)은 갱생보호대상자의 자립의식을 고취하고, 경제적 자립 기반을 조성하여 건전한 사회복귀를 촉진하고 재범의 위험을 방지하는 데에 있었다. 이는 1995년 폐지되었는데, 1970년 '독지방문위원제도'로 이어졌다.

1970년 11월 법무부는 독지방문위원제도를 통해 교정시설 내 수용자에게 민간의 도움을 제공하고자 했다. 이후 1983년에는 '교화위원 및 종교위원제도'로 변경되었고, '교화협의회'가 구성되었다.[39] 2000년에는 '교육위원'이 신설되면서 교정위원의 수가 4,376명으로 증가했으며, 2004년에는 교화·종교·교육위원 등의 명칭을 '교정위원'으로 통일하고 '의료위원'이 추가되었다. 현재 교정위원은 교육, 상담, 신앙 지도, 의료 처우 등 다양한 역할을 수행하고 있다.

사실 이러한 민간 참여의 역사는 더욱 이전으로 거슬러 올라간다. 1911년 일제강점기 시절, 일본은 '출옥인보호회', '보호국保護國'과 같은 조직을 만들어 수형자 관리체계를 운영하였다. 갱생보호사업은 '면수보호免囚保護'라고 불렸고, 그 목적은 단순한 자선적 구호뿐만 아니라 재범을 방지하고 사회를 유익하게 하는 데에도 있었다.[40] 그러나 일제강점기 일본은 조선 항일운동가를 철저하게 관리·감독했다는 점에서 갱생사업이었던 면수보호사업은 실질적으로는 수용자의 사상을 통제하고 황국신민으로 변화시키는 데 그 목적이 있었을 것이다.

교정시설에서 일반 시민의 참여가 활발해지는 것은 단순한 도움의 의미를 넘어서, 사회 전체로 권력의 감시망을 확대하는 역할을 하기도 한다. 푸코는 규율은 폐쇄적인 공간에서만 작동하는 것이 아니라 사회 전반으로 확산되는 현상을 보인다고 하였다. 즉, 교도소 바깥의 시민들이 교정활동에 참여할수록, 사회는 더욱 정교한 통제 시스템을 갖추게 된다는 것이다.

규율의 방법들은 폐쇄적인 기관에서가 아니라 사회에 널리 퍼져있는 여러 통제시설들을 근거로 확산되는 현상을 보인다. 각종 종교 단체나 자선협회들이 주민의 '규율의 실행'이라는 역할을 오랫동안 담당했다.[41]

교정시설에서의 민간 자원봉사는 수형자에게 새로운 기회를 제공하는 동시에, 사회가 수형자를 어떻게 바라보는지 그리고 교화의 방식이 어떻게 변화하는지를 보여주는 중요한 요소라고 할 수 있다.

혼자가 아닌 변화: 교도소에서 시작된 공동체의 힘

자원봉사자의 활동과 더불어 소망교도소에서 주목할 만한 다른 한 가지는 공동체 형성을 통한 변화를 추구한다는 점이다. 사람은 혼자서 변하기 어렵다. 진정한 변화는 누군가와 함께할 때, 공동체 안에서 비로소 가능해진다. 교도소라는 공간 역시 예외는 아니다. 수형자의 교정과 교화는 단지 개인의 의지에만 달린 것이 아니라, 그를 감싸안고 이끌어줄 공동체의 존재에 달려 있다.

교도소 안팎에서는 수형자를 위한 공동체가 하나둘씩 만들어지고 있다. 민영 소망교도소는 그 대표적인 사례다. 소망교도소에서는 공동체 활동이 교육의 핵심 영역임을 강조한다. 이들은 '생활-교육 통합공동체

LEC: Life-Education Community'라는 이름 아래, 교도소 안에서 작은 사회 공동체를 만들었다. 이 공동체는 수형자가 소속감을 느끼고, 타인을 배려하며, 자기 역할을 고민하는 관계 기반으로 구성된다. 이는 관계성 속에서 수형자의 교정과 교화가 이루어질 수 있도록 돕는다.

무엇보다도 중요한 것은 이러한 공동체의 확장이 교도소 안에만 머물지 않는다는 점이다. 자원봉사자와 교정위원, 지역사회와 종교단체 등 교도소 밖의 사람들이 이 공동체에 참여하면서 교도소 안팎의 경계는 조금씩 무너지고, 변화의 가능성은 더욱 높아지고 있다.

교정교화가 이루어지기 위해서는 수용자를 배움과 성찰, 공동체의 관계망 속에서 변화할 수 있는 존재로 바라보아야 가능할 것이다. 예측과 분류, 처벌과 규율이라는 단어로 수용자의 삶을 수치화하기보다는 그 사람의 이야기와 가능성에 귀 기울인다면 수용자 개인뿐만 아니라 안전한 사회를 구축하는 것에도 도움이 될 것이다.

에필로그

교도소는 학교가 될 수 있을까

교도소는 학교가 될 수 있을까. 이 말이 누군가에게는 불편하게 들릴 수도 있다. 학교는 일반적으로 성장과 가능성의 공간으로 인식되지만, 교도소는 처벌과 단절의 상징으로 여겨지기 때문이다. 우리는 아이를 학교에 보낼 때 기대와 응원을 담지만, 누군가를 감옥에 보낼 때는 비난과 체념의 시선을 보낸다. 그래서 '교도소는 학교다'라는 말은 많은 사람들에게 낯설고 어색하게 여겨질 수 있다.

이 책에서는 교도소가 교육과 학습의 공간으로 기능해 온 역사적 흔적들을 조명하였다. 오늘날 교도소에서는 고등교육, 직업훈련, 인성교육, 인문학교육 등 다양한 교육을 제공한다. 수용자들은 책을 읽고 글을 쓰며 학습을 수행하고 있다. 이러한 교도소의 교육 기능은 과거 우리나라의 전통 감옥에서도 발견된다. 고려와 조선시대에는 감옥을 원형 구조로 지어 죄인의 반성과 교화를 도왔으며, 일제강점기나 군부독재 시기에도 비록 사상 통제의 목적이 담겼으나 직업훈련이나 문해교육 등이 지속되었다. 이처럼 교도소는 수용과 처벌의 공간을 넘어, 교육을 통해 수용자를 변화시키고 안정적으로 사회복귀할 수 있도록 돕는 교육기관이다.

사회에서는 출소한 사람을 '학교 다녀왔다'고 말하기도 하고, 학교를 교도소에 비유하기도 한다. 푸코는 학교와 교도소 모두 규율과 통제의 장소라고 하였다. 두 곳 모두 시간표에 따라 생활하고, 행동이 체계적으로 통제된다. 그러나 교도소와 학교는 규율만이 아니라 학습과 자아 형성의 장이라는 점에서도 닮아 있다. 두 곳 모두 인간을 교화하며, 미래를 준비할 수 있는 기회를 제공한다.

1980년대 교도소가 '범죄학교'로 불렸던 것은 단순히 교도소가 학교처럼 운영되었기 때문만은 아니다. 교도소에서 서로 범죄 기술을 배운다는 의미로 붙여진 이름이지만, 왜 '학교'라고 했는지는 깊이 생각해 볼 만하다. 학교를 졸업하면 자격이나 지위가 부여되어 기록되는 것과 같이, 교도소를 다녀온 사람에게는 범죄 기록이 남고 '출소자'라는 사회적 꼬리표가 따라붙는다. 출소는 고졸이나 대졸처럼 어떠한 자격이나 사회적 신호로 작용한다. 따라서 교도소를 출소하면 '학교 다녀왔다'고 표현하는 것이다.

우리가 나아가야 할 방향은 교도소를 학교라고 부르지 말자는 것이 아니다. 중요한 점은 우리가 그 의미를 사회적 합의를 통해 바꿔나가야 한다는 것이다. 교도소가 수용자에게 새로운 지식과 기술을 가르치고 교정 교화하는 곳으로 이해될 수 있도록 인식을 전환하는 것이 필요하다.

교육과 학습의 공간으로 교도소에 대한 인식을 전환하는 일은 쉽지 않다. 오랫동안 형성된 단절과 처벌의 이미지는 여전히 사회 깊숙이 자리 잡고 있다. 그러나 교도소 내부와 외부에서 조금씩 변화하려는 노력을 이어나가면, 이러한 인식은 점차 바뀔 수 있다. 예를 들어 교정행정에 영향을 미치는 언론이 수용자의 교정교화 성공 사례를 적극적으로 조명한다면, 교정교육에 대한 사회의 관심과 이해는 점차 달라질 것이다. 교도소 내부에서도 출소자의 성공 사례를 체계적으로 축적하고 공유한다면, 교도소는 새로운 삶을 준비하는 배움의 장이라는 인식이 확대될 수 있다. 이러한 인식의 전환은 하루아침에 이루어지지는 않겠지만, 교도소를 성장의 공간으로 바라보려는 시선과 그 가능성을 믿고 조금씩 나아가려는 실천이 함께한다면 교도소는 학교라는 의미 체계를 새롭게 형성해 나갈 수 있을 것이다.

이 책에서 다룬 것과 같이, 교도소가 처벌의 공간에서 배움의 공간으로 변화한 것은 체계적인 계획에서 이루어진 것이 아니라 우연히 일어난 사건과 사고에서 시작되었다. 정권 교체나 사회를 뒤흔든 범죄 같은 사건들이 등장했고, 그때마다 교도소와 수용자에 대한 사람들의 인식이 변화하였다. 사건과 사고가 일어난 후 정부, 시민, 수용자 자신은 '교도소는 어떤 곳인가, 수용자는 어떤 존재인가, 그들은 배울 수 있는가'라는 질문을 던지며 이전과는 다른 인식을 가지게 되었다.

인식의 차이가 발생하면서 교정교육이 변화하였다. 즉, 사건과 사고는 인식의 격차를 불러일으켰고, 인식의 격차는 교정교육의 기능과 내용 등의 변화로 이어졌다. 예컨대 일제강점기 형무소는 수감자를 황국 신민으로 만들고자 하였다. 해방 이후에는 문맹퇴치와 반공사상이 교정의 핵심이 되었고, 독재의 시대에는 수용자에게 근면과 성실이 강조되었다. 이후 IMF 외환위기와 사회적 불안으로 교도소는 과밀화되고 수용자는 더욱 자기규율의 주체가 되어갔다. 전국을 떠들썩하게 한 성폭력범죄는 수용자를 치료의 대상으로 보고 치료와 상담을 내용으로 하는 교정교육이 확대되는 데 영향을 미쳤다. 사건은 인식의 균열을 만들었고, 이는 교정교육에 변화를 가져왔다.

이 과정에서 흥미로운 점은 '학습'이라는 개념도 함께 변화했다는 점이다. 시대마다 교도소는 이전과는 다른 기능을 하며 수용자를 특정한 학습자로 변화하게 하였다. 신체형이 주를 이루던 일제강점기에는 학습이란 신체를 조절하여 변화하는 것이라고 보았다. 그러나 시간이 흐르면서 지식과 기술을 습득하는 일이 배움의 중심이 되었고, 나아가 치료를 위하여 서로 이야기를 나누며 자신과 타인을 이해하는 담화의 학습이 이루어졌다. 지금은 삶의 의미를 되묻고 자신을 반성하는 영성의 학습도 이루어지고 있다. 학습이라는 개념은 고정된 진리가 아니라 매우 정치적이고 우연적인 성격을 지니고 있다.

시대마다 변화한 교정교육은 발전했다고 할 수 있을까. 이 책에서는 교정교육의 양이 단순히 확대되고, 질이 변화되었다는 측면을 넘어 해당 시대상과 그에 따른 학습자로서 수용자에 대한 이해가 어떻게 변화했는지, 그 결과 교육기관으로서 교도소는 어떻게 변화했는지를 드러냈다. 이를 통해 교정교육은 일차원적인 양과 질이 변한 것이 아닌 사회의 맥락 속에서 학습자로서 수용자에 대한 이해를 바꾸었고, 이에 따라 학습 패러다임에 변화를 가져왔음을 알 수 있다. 즉, 교정교육은 발전하여 왔다.

그러나 교정교육의 발전이 과학적이고 체계적인 검증과 논의를 통해 이루어졌는지에 대해서는 명확하게 답하기 어렵다. 사건과 사고에 의해 교정교육이 변화해 왔기 때문이다. 앞으로 교정교육이 발전하기 위해서 사건과 사고가 일어나기를 기다릴 수만은 없다. 진정한 교정교육의 발전은 학습자로서 수용자가 어떤 배움의 동기와 요구를 가지고 있는지, 이들의 학습 배경은 어떠한지 등 이들에 대한 충분한 이해를 토대로 이루어져야 할 것이다.

이는 우리 사회 전체의 평생교육이 나아가야 할 방향과도 맞닿아 있다. 일반 평생교육기관에서 이루어지는 교육은 교도소만큼 사건과 사고에 민감하지는 않다. 그럼에도 교육의 내용과 방식 등의 변화는 그 기관의 발전을 가져온다는 점에서 중요하다. 이를 위해서는 학습자가 어떠한 동기로 교육에 참여하는지, 어떤 교육내용과 방식 등을 요구하는지 등 학습자에 대하여 충분하게 이해해야 한다. 이는 우리나라 평생교육의 발전에 도움이 될 것이다.

물론 교정교육을 바라보는 시선은 여전히 엇갈린다. '죄를 지은 사람에게 왜 교육까지 제공해야 하는가'라는 질문은 쉽게 사그라들지 않는다. 그러나 우리는 질문을 바꿔 생각해 볼 필요가 있다. '이들이 다시 사회의 구성원이 되었을 때, 어떤 모습으로 살아가기를 원하는가'라고 말이다. 교정교육은 재범을 줄이고, 사회의 안전을 확보하는 데 있어 중요하다. 이는 수용자의 권리를 보장하는 개인의 차원을 넘어 사회 전체의 안전과 공공의 이익을 위한 투자이다.

그럼에도 우리나라 교정교육의 현실은 열악하다. 교정교화에 쓰이는 예산은 매우 적다. 2018년 기준 전국 교도소의 예산 1조 5,536억 원 중 집중인성교육, 학과교육, 심리치료 등 교정교화에 쓰이는 예산은 0.47%인 73억 5,800만 원에 불과하였다.[1] 교육부가 성인 교도소의 교정교육에 지원하는 예산도 없다. 교도소의 목적이 교정교화에 있다는 점에서 그 핵심 기능을 수행하기 위해서는 예산 확대가 이루어져야 할 것이다.

또한 교도소에는 교육을 전담하는 팀이 존재하지 않는다. 교정교육은 종종 부수적 업무로 취급된다. 이로 인해 교정교육은 체계적인 기획과 평가 그리고 장기적인 계획이나 비전 없이 단편적인 프로그램으로 흩어져 운영되고 있다. 이러한 구조적 한계는 수용자의 개별적 특성과 변화의 요구 등을 세밀하게 파악하지 못하게 만든다. 교육의 방향이 수용자의 학습 수준, 성향, 요구 등에 따라 설계되지 못하므로 교육의 실질적 효과가 약화된다. 결국 교정교육은 시행은 있으되, 진전은 더딘 구조 속에 머물러 있다.

교도소에는 교육을 전담하는 전문 팀이 설치되어야 한다. 교육 전문팀은 교육의 기획부터 운영, 평가, 피드백을 담당하며 수용자의 학습 요구와 특성을 진단하고, 그에 맞는 프로그램을 설계하는 역할을 수행할 필요가 있다. 무엇보다 교정교육을 '전문 영역'으로 새로이 인식해야 한다. 교육이 더 이상 부수적 업무가 아니라 교정의 중심축으로 자리 잡기 위해서는 사람을 변화시키는 일에 전념하는 전문가가 반드시 필요하다. 교육 전담 팀은 교도소 안팎을 잇는 허브가 되어야 한다. 이는 수용자에게는 재기의 가능성을, 교도소 조직에는 새로운 교정의 패러다임을 제시할 수 있을 것이다.

이를 위해서 우리는 교도소를 범죄자를 가두는 장소가 아니라 사람을 꺼내는 곳으로 인식할 필요가 있다. 교도소를 형벌의 공간만이 아니라 학습의 장으로 재구성할 때, 비로소 교정은 그 의미를 되찾을 수 있다. 평생교육의 관점에서 보면 수용자도 학습자로서 삶의 어느 지점에서든 배움을 통해 변화할 수 있는 존재이고, 교도소는 그 배움의 마지막이 아닌 또 다른 시작점이다. 교도소를 평생교육기관으로 보는 것은 교육의 보편성과 포용성을 확장하려는 시도이며, 누구도 교육에서 소외되어서는 안 된다는 원칙의 실천이라고 할 수 있다.

한 나라의 발전 정도는 교도소를 보면 알 수 있다는 말이 있다. 그 나라의 진보 수준은 범죄자를 어떻게 대하는지를 통해 알 수 있다는 것이다. 수용자를 다시 사회의 일원으로 받아들이기 위한 제도적 노력, 인간 존엄에 기반한 처우, 교육의 제공은 그 사회가 얼마나 발전했는지를 보여준다. 이들을 어떻게 인식하고 어떻게 변화시키려고 하는가는 우리 사회 전체가 지향하는 가치와 태도를 엿볼 수 있는 부분이다. 수용자의 변화에는 교육이 핵심으로 중요하게 작동해야 한다. 교도소를 학교로, 교육의 장으로 바라보는 것은 단지 제도의 변화만을 의미하지 않는다. 이는 결국 인간을 어떻게 볼 것인가에 대한 근본적인 질문이며, 우리가 어떤 사회를 지향하는가에 대한 답이기도 하다.

이 책이 교정교육과 평생교육에 대한 새로운 시선과 논의의 출발점이 되기를 바란다. 교정교육은 제도와 정책 그리고 실천 등의 영역이 서로 맞물려 돌아가는 복합적인 분야이다. 정책 변화만으로는 부족하며, 사회 전체의 관심과 교육에 대한 인식 변화 등이 함께해야 한다. 학문적으로도 더 많은 연구가 수행되고, 현장과의 유기적인 소통이 확대되어야 할 것이다.

마지막으로 이 책을 읽는 독자들이 교도소의 수용자를 '범죄자'라는 시선으로만 바라보지 않기를 바란다. 이들도 학습할 수 있고, 변화할 수 있으며, 다시 공동체의 발전에 기여할 수 있는 존재다. 우리가 이러한 가능성을 포기하지 않는다면, 더욱 안전하고 건강한 사회를 만들어 갈 수 있을 것이다.

부록

평생교육기관으로서 교도소의 역사적 흐름

사회 사건	정부	연도	시대	교정 사건
「보통학교규칙」 제정	일제 강점기 (1910~1945)	1911	순치 시대	
「조선교육령」 제정		1911		
		1912		경성감옥을 서대문감옥으로 명칭 변경
		1912		「조선태형령」 제정
		1912		「조선감옥령시행규칙」 제정
		1913		
		1914		
		1915		
		1916		
		1917		
		1918		
3·1운동		1919		「정치에 관한 범죄처벌의 건」 제정
		1920		
		1921		
《보통학교 조선어독본》 배포		1922		
		1923		감옥의 명칭을 형무소로 변경
		1924		형무소 수용자 잡지 《도》 발간
「치안유지법」 공포		1925		
		1926		
		1927		
		1928		
		1929		
		1930		
		1931		
		1932		

사회 사건	정부	연도	시대	교정 사건
	일제 강점기 (1910~1945)	1933	순치 시대	
		1934		
		1935		
		1936		
		1937		「조선행형누진처우규칙」 제정
		1938		
		1939		
		1940		
		1941		「조선사상범 예방구금령」 제정
		1942		
		1943		
		1944		
일제로부터 해방		1945		사상범 석방
미군정기 시작	미군정기 (1945~1948)			
문맹퇴치운동 본격화				
문교부 성인교육국 설치				
국민학교 의무교육 시작		1946	전향 시대	형무소 지소 6개 형무소로 승격
		1947		「우량수형자 석방령」 공포
대한민국정부 수립		1948		
	이승만 대통령 (1948.07. ~ 1960.04.) 제1 공화국			법무부 형정국 설치
		1949		부천형무소, 영등포형무소 신설
한국전쟁		1950		「행형법」 제정
		1951		
		1952		
한국전쟁 휴전 협정		1953		
		1954		형무소 문맹퇴치 교육과정 세분화
				「경범죄처벌법」 시행
		1955		

사회 사건	정부	연도	시대	교정 사건
	이승만 대통령 (1948.07. ~ 1960.04.) 제1 공화국	1956	전향 시대	「행형법 시행령」 제정
				「가석방심사규정」 제정
				「행장심사규정」 제정
문교부 도의교육 강조		1957		「수용자 의류 및 침구 급여에 관한 규칙」 제정
				「재소자식량규정」 제정
'국민윤리강령' 발표		1958		'지도원제도' 운영
		1959		
4·19 혁명		1960		2차 유엔범죄방지 및 범죄자처우에 관한 회의 개최
	윤보선 대통령 (1960.08. ~ 1962.03.) 제2 공화국			수형자 직업교육 1번째 실시
5·16 군사정변		1961		수형자 직업교육 2번째 실시
명랑생활운동 전개				「수형자교육규정」 제정
'혁명공약' 발표				「행형법」 전부개정
'재건국민운동실천요강' 발표				형무소에서 교도소로 명칭 변경
				「교도작업특별회계법」 제정
'경제개발 5개년 계획' 1차 발표		1962	개조 시대	법무부 교정국으로 변경
문교부 '종합성인교육계획' 발표	박정희 대통령 (1963.12. ~ 1979.10.) 제3 공화국/제4 공화국			「모범교도소 운영방안」 마련
				「교도작업관용법」 제정
		1963		
		1964		「수형자분류처우방안」 마련
		1965		
		1966		교도소에 도서실 설치
갱생건설단 조직		1967		교도소에 신문열독실 설치
		1968		사법시설 현대화 계획
〈국민교육헌장〉 발표				

사회 사건	정부	연도	시대	교정 사건
	박정희 대통령 (1963.12. ~ 1979.10.) 제3 공화국/ 제4 공화국	1969	개조 시대	전국 19개 교도소에 공공직업훈련소 설치
				전국 교도소에 공공직업훈련소 개소
				「교정누진처우규정」 제정
새마을운동 시작		1970		새마을정신교육 실시
문교부 '성인교육' 시달				'독지방문위원제도' 실시
		1971		「재소자 규율 및 징벌에 관한 규정」 제정
유신체제 시작		1972		
'1인 1기' 대통령연설 발표		1973		보안과 및 직업훈련과 신설
국민생활 안정을 위한 대통령긴급조치 발표		1974		
김대두 사건		1975		「독지방문위원제도 강화방안」 마련
김지하 〈양심선언〉 사회에 유포				쓸 수 있는 권리 제한
		1976		
		1977		
		1978		교도사목후원회 출범
				「수형자 분류검사지침」 마련
국민정신교육 시작		1979		「재소자 새마을정신교육지침」 마련
	최규하 대통령 (1979.12 ~ 1980.08.)			'수형자분류처우요강' 제정
광주민주화운동		1980	순화 시대	'재소자특별순화교육계획' 발표
「사회보호법」 제정				재소자 순화교육 시작
국가보위비상대책 위원회 신설				순화교육 교관 교육 시행
삼청교육대 설치				
「사회악일소특별조치」 발표				

사회 사건	정부	연도	시대	교정 사건
「대한민국 헌법」에 '평생교육' 명시	전두환 대통령 (1980.09. ~ 1988.02.) 제5 공화국	1980	순화 시대	
		1981		체제보호국(현 범죄예방정책국) 출범
				교육과를 교화과로 개칭
				교도소에 방송통신고등학교 설치
				「재소자 규율 및 징벌에 관한 규칙」 제정
				「교정시설경비교도대설치법」 제정
		1982		「교화방송운영 쇄신지침」 마련
				「수형자 등 교육규정」 개정
				'특별권력관계' 대법원 판례로 부정
		1983		조세형 탈주 사건
				청주교도소 직업훈련전담소로 지정 운영
				「교정대상운영규정」 제정
				아시아태평양지역 교정국장회의에 정식 가입
				'종교지도위원 운영요강' 정비
		1984		박영두 사건
제4차 국제성인교육회의 개최		1985		「외부출장 직업훈련 시행지침」 제정
		1986		
박종철 고문치사 사건		1987		인권보호특별위원회 설립 계획 발표
6월 민주항쟁				「재소자 정신교육 개선방안」 제정
				새마을 독서대학 개설
국정감사 재개	노태우 대통령 (1988.02. ~ 1993.02.) 제6 공화국	1988		'수형자 자치제' 실시
				「수형자 준개방처우 운영지침」 마련
지강헌 사건				천안개방교도소 개청
				「보호관찰법」 제정
88서울올림픽				교도소 수용자 집단 단식 저항 운동

사회 사건	정부	연도	시대	교정 사건
	노태우 대통령 (1988.02. ~ 1993.02.) 제6 공화국	1988	순화 시대	수형자 라디오 청취, TV 시청 확대
		1989		「외부통근작업 운영규칙」 제정
「사회보호법」 개정				재소자 정신교육 시작
한국사형폐지 운동협의회 결성				
'10·13 특별선언'에서 '범죄와의 전쟁' 선포		1990		「법무부 정신교육 개선방안」 발표
중앙교육평가원에 '학위검정부(독학학위제 업무)' 실시				흉악범 특별교육, 교화방안 마련
				수원교도소가 모범교도소에서 구치소로 전환
				특정강력범 정신교육 실시
				「특정강력범죄의 처벌에 관한 특례법」 제정
		1991		「도서관진흥법」에 교도소 포함
				'주요 5대 범죄' 탄생
				「수형자분류처우규칙」 개정
		1992		
인권운동사랑방 창립	김영삼 대통령 (1993.02. ~ 1998.02.) 문민정부	1993	자기 규율 시대	「특정강력사범 정신교육에 관한 지시」 시달
「성폭력범죄의 처벌 및 피해자보호 등에 관한 법률」 제정		1994		울산구치소 신설
5·31 교육개혁 발표		1995		「외부통근작업 운영규칙」 개정
OECD '만인을 위한 평생학습' 발표				「수형자 등 교육규칙」 개정
				독학학위제 실시
		1995		TV시청 법 근거 마련
한국 OECD 가입		1996		수원구치소 개청

사회 사건	정부	연도	시대	교정 사건
방송대학 TV 개국	김영삼 대통령 (1993.02. ~ 1998.02.) 문민정부	1996	자기 규율 시대	
EU '유럽 평생학습의 해' 발표				
평생교육백서 발간 시작		1997		신창원 탈옥 사건
국제엠네스티 '사형에 관한 국제회의' 개최				인천구치소 신축 이전
「한국방송통신대학교 규칙」에 의해 평생교육원 설립				논산구치소 신설
IMF 외환위기				마지막 사형
				전 수용자 TV 시청
				교도소 과밀수용
학점은행제 운영 실시	김대중 대통령 (1998.02. ~ 2003.02.) 국민의 정부	1998		청송제2교도소 특정강력범 정신교육 지시
				교정 점수 평가 방법 변경
				수원교도소 등 과실범 전담교도소로 지정운영
				「과실범 전담교도소 운영규칙」 마련
				교정위원중앙협의회 창립
				「수용자 신문열람지침」 개정
				전국 교도소에 TV 설치
인권연대 창립		1999		「부부만남의 집 운영지침」 마련
「남녀차별금지법」 제정				신창원 검거
				외국어교육(영어, 일어) 실시
				「민영교도소 법률」 국회 통과
				대구구치소 개청
		2000		「민영교도소 등의 설치·운영에 관한 법률」 제정
				컴퓨터교육 실시

사회 사건	정부	연도	시대	교정 사건
「국가인권위원회법」 공포	김대중 대통령 (1998.02. ~ 2003.02.) 국민의 정부	2001	자기 규율 시대	청주교도소와 주성대학 전문학사과정 운영
국가인권위원회 출범				수용자 정보화교육 및 영어교육 내실화
				마약류사범 재활교육 실시
심상명 법무부장관 부임		2002		「수용자 정신교육 지침」 마련
국가인권위원회 창립				천안개방교도소를 과실범전담교도소로 지정 운영
'2002~2006년 제1차 평생교육진흥기본계획' 발표				순천교도소 내 청암대학 호텔외식조리과 개설
				「정보공개 청구제도」 도입
	노무현 대통령 (2003.02. ~ 2008.02.) 참여정부	2003		전 거실에 TV 설치
				'부부 만남의 집'이 '가족 만남의 집'으로 변경 운영
				「수용자 정보화교육 규정」 마련
		2004		'특별관리대상자 수용관리계획' 수립
문화관광부와 교육인적자원부 '문화예술교육 활성화 종합계획' 마련				방송통신대학교과정 실시
김승규 법무부장관 부임				민영교도소 시범운영 논의
「사회보호법」 폐지		2005		문화체육관광부와 교육 체결
				한국문화예술진흥원과 교도소 연계 교육
				전주교도소 방송통신대학 운영
				포항교도소 개청
				민영교도소 시범운영
				「특별관리대상자 관리지침」 제정
		2006		교정국에 교육교화과 생성
				'성폭력사범 교육과 대책' 발표
				청주여자교도소 방송통신대학교 운영

사회 사건	정부	연도	시대	교정 사건
	노무현 대통령 (2003.02. ~ 2008.02.) 참여정부	2006	자기 규율 시대	「수용자 정신교육제도 개편계획」 발표
				「수용자정신교육지침」 개정안 발표
				「수용자 인성교육 등에 관한 지침」 마련
				법무부 인권국 출범
교육인적자원부 '인문학 진흥 기본계획' 발표		2007	치료 시대	교정국이 교정본부로 승격
〈문화예술교육활성화 중장기전략(07'~11')〉 발표				「행형법」이 「형의 집행 및 수용자의 처우에 관한 법률」로 변경
「평생교육법」 전부개정				수용자 정신교육 폐지 및 인성교육 시작
「전자장치부착법」 제정				「수용자 의류 및 침구 급여에 관한 규칙」 개정
정성진 법무부장관 부임				평화인문학과정 운영
				마약사범 재활 집중교육
				실질적 사형폐지국으로 분류
				경찰청 범죄 통계 승인
				'수용자 가족사랑 캠프' 운영
조두순 사건		2008		「수용자 교육교화 운영지침」 마련
조직개편으로 18부 4처 18청을 15부 2처 18청으로 축소	이명박 대통령 (2008.02. ~ 2013.02.)			'수형자 취업 및 창업지원 협의회 전담반 설치 운영계획' 시달
김경한 법무부장관 부임				'수형자 취업 및 창업지원 협회의' 창립 총회 개최
'상습 성폭력사범 전자감독제도(전자발찌제)' 실시				「수형자등교육규칙」 폐지
문화체육관광부 '독서문화기본진흥계획' 수립				「수용자 교육교화 운영지침」 제정
				전국 교정시설 통합방송 '보라미방송' 시작
				「수용자 규율 및 징벌에 관한 규칙」 폐지

사회 사건	정부	연도	시대	교정 사건
	이명박 대통령 (2008.02. ~ 2013.02.)	2008	치료 시대	작업훈련과가 근로직능개발팀으로 변경
		2009		법무부 교정본부와 한국출판문화산업진흥원 '교정시설 수용자 독서지원 및 독서치료프로그램 보급 업무협약' 체결
아동 성폭력 대책 마련 발표				화성직업훈련교도소 개청
				「수형자 취업 및 창업지원 업무 지침」 제정
교정상담학회 출범				교정본부 교육교화과를 사회복귀과로 변경
'평생학습계좌제 추진계획' 발표				근로직능개발팀이 직업훈련과로 변경
이귀남 법무부장관 부임				구인구직 만남의 날 시행
				교회직 교정공무원 채용 폐지
'성범죄자 알림e' 사이트 운영		2010		법무부와 한국출판문화산업진흥원 '독서치료프로그램' 협약
전자발찌 부착 기간 연장				'출소예정자 등 취업, 창업지원을 위한 업무협약' 체결
「성폭력범죄자의 성충동 약물치료에 관한 법률」 제정				'교정심리치료센터 시범운영 계획(안)' 마련
「성폭력범죄의 처벌 등에 관한 특례법」 제정				
김길태 사건				'책읽는 교도소 만들기' 사업 실시
「아동·청소년 성보호에 관한 법률」 일부개정				소망교도소 개청
권재진 법무부장관 부임		2011		'성폭력사범 교육 운영 계획' 발표
				'위험성평가도구(KORAS)' 개발
				「성폭력범죄의 처벌 등에 관한 특례법」 개정, '이수명령제도' 실시

<table>
<tr><th>사회 사건</th><th>정부</th><th>연도</th><th>시대</th><th>교정 사건</th></tr>
<tr><td></td><td rowspan="8">이명박 대통령 (2008.02. ~ 2013.02.)</td><td rowspan="5">2011</td><td rowspan="18">치료 시대</td><td>'교정심리치료센터 운영 계획' 발표</td></tr>
<tr><td></td><td>서울남부심리치료센터 시작</td></tr>
<tr><td></td><td>출소 예정자
허그일자리지원 프로그램 시작</td></tr>
<tr><td></td><td>출소 예정자 대상
'취업성공패키지' 제공</td></tr>
<tr><td></td><td>국내 첫 교정심리치료센터 개설</td></tr>
<tr><td></td><td rowspan="2">2012</td><td>군산교도소 정신보건센터 개설</td></tr>
<tr><td>한국인문학 총연합회 출범, '인문학 선언문' 제작</td><td>교회직류와 분류직류를 통합하여 교정 직류 공무원으로 운영</td></tr>
<tr><td></td><td rowspan="5">2013</td><td>서울대-서울남부교도소 '인문학교육'</td></tr>
<tr><td>군산교도소
심리치료센터 개청</td><td rowspan="13">박근혜 대통령 (2013.02. ~ 2017.03.)</td><td>'교정교화 종합대책' 발표</td></tr>
<tr><td>황교안 법무부장관 부임</td><td>집중인성교육 시범실시</td></tr>
<tr><td></td><td>알코올관련사범 재활교육</td></tr>
<tr><td></td><td>'자기변화 피드백을 위한 타임캡슐제도' 도입</td></tr>
<tr><td></td><td rowspan="6">2013</td><td>'학습인센티브시스템' 도입</td></tr>
<tr><td></td><td>'교정정책자문단' 발족</td></tr>
<tr><td></td><td>서울대와 '수용자 인문학교육에 관한 업무협약' 체결</td></tr>
<tr><td></td><td>'성폭력사범 교육 내실화 계획(안)' 발표</td></tr>
<tr><td></td><td>재범 위험성 평가도구
'Static 99-R' 도입</td></tr>
<tr><td></td><td>청주교도소와 충북대 인문대학 협약</td></tr>
<tr><td>세월호 참사</td><td>2014</td><td></td><td></td></tr>
<tr><td>「인문학 진흥법」 제정</td><td rowspan="2">2015</td><td></td><td>대전교도소와 한국평생교육원
집중인성교육 협약</td></tr>
<tr><td></td><td></td><td>집중인성교육 전국 교도소에서 모든 수형자를 대상으로 실시</td></tr>
</table>

사회 사건	정부	연도	시대	교정 사건
김현웅 법무부장관 부임	박근혜 대통령 (2013.02. ~ 2017.03.)	2015	위험 관리 시대	청주교도소와 한국점자도서관 협약
		2016		청주교도소 '책읽는 청주' (청주시립도서관) 참여
「인문학 및 인문정신문화의 진흥에 관한 법률」 제정				심리치료센터로 명칭 변경운영
교정상담심리학회 출범				「분류센터 운영지침」 제정
				심리치료과 신설
박상기 법무부장관 부임		2017		「심리치료업무지침」 제정
				지방교정청별 분류전담센터 지정 및 운영
	문재인 대통령 (2017.05. ~ 2022.05.)			서울동부구치소 개청
		2018		'문화예술교육 계획'에 교정시설 포함
				인성교육의 기본교육 축소
조국 법무부장관 부임		2019		
추미애 법무부장관 부임		2020		'2020년 심리치료 프로그램 운영 계획' 발표
박범계 법무부장관 부임		2021		
한동훈 법무부장관 부임	윤석열 대통령 (2022.05. ~ 2025.04.)	2022		
		2023		거창구치소 개청
박성재 법무부장관 부임		2024		
정성호 법무부장관 부임	이재명 대통령 (2025.06. ~) 국민주권 정부	2025		대전교도소, 청주여자교도소와 한국마약퇴치운동본부 업무협약 체결

주

머리말

1 2018.11.20.《중앙일보》.〈옛 영등포교도소 자리에 2200세대 주상복합 들어선다…2022년 완공〉.

2 강대중(2019).〈성인학습과 평생학습〉. 김신일·강대중·김민호·김현수·양은아·양흥권·이지혜·채재은·최돈민·최선주·현영섭.《평생교육론》. 교육과학사. 39~72쪽; 한숭희(2009).《평생교육론》. 학지사.

3 법률 제19105호.(2022. 12. 27. 일부개정 시행)

4 이백철(2015).《교정학》. 교육과학사.

5 법무부(2007).《한국의 교정행정》. 법무부 교정국, 조흥식·이형섭(2014).《교정복지론》. 학지사.

6 유주영(2021).〈평생교육기관으로서 교도소의 기능 변천에 관한 연구〉. 서울대학교 박사학위논문; 박영숙(2010).〈수용자 교육권 보장을 위한 교정교육의 활성화 방안〉.《인권복지연구》, 7, 63~85쪽.

7 Haulard, E. R.(2001). *Adult education: A Must for Our Incarcerated Population*. Journal of Correctional Education, 52(4), 157~159쪽.

8 양흥권(2019).〈한국 대학평생교육의 특성 변천에 관한 연구: 1900년부터 현재까지의 시기별 특성을 중심으로〉.《평생교육·HRD연구》, 15(2), 281~302쪽.

9 박병용(2006).〈해방 이후 한국 교정사에 관한 고찰〉.《법조》, 55(7), 258~300쪽; 이언담(2015).〈한국교정 70년의 회고: 수용자 기본권 확장을 중심으로〉.《교정연구》, 69(69), 41~79쪽; 천정환(2020).〈수용자 인성교육의 변천과 개선 방안〉.《교정연구》, 30(2), 105~134쪽; 허주욱(2013).《교정학》. 박영사.

10 Foucault, M.(1975).《감시와 처벌》. 오생근 역(2016). 나남.

11 유주영·강대중(2021).〈교정교육의 목적과 기능에 관한 질적연구: 교정공무원 면담을 중심으로〉.《교정담론》, 15(3), 241~276쪽; 유주영(2025).〈평생교육기관으로서 교도소의 역사적 변천 과정에 관한 연구〉.《평생학습사회》, 21(3), 153~190쪽.

프롤로그 우리나라 감옥의 유래를 찾아서: 인본주의가 담긴 원형옥

1 2022.1.20. 《경향신문》. 〈사형수가 넘쳐났던 세종 시대의 감옥…성군의 치세에 무슨 일이?〉.

2 위의 기사.

3 2016.6.20. 《일요서울i》. 〈[박종평 이순신이야기, 해설 난중일기-50] 백의종군〉

4 2013.12.20. 《영남일보》. 〈전통 獄(옥)은 원형…우주 기운에 의해 죄인 스스로 교화된다는 사상 담겨〉.

5 공주교도소(2020). 《1500年의 時間과 空間: 공주교도소사史》.

6 《조선왕조실록》. 법무부(2013). 〈영남지역 전통 옥(獄)터 조사 및 답사 기록〉. 재인용.

7 2022.1.20. 《경향신문》. 〈사형수가 넘쳐났던 세종 시대의 감옥…성군의 치세에 무슨 일이?〉.

8 금용명. 〈전근대 한국행형사(1)〉. 《교정》, 577.

9 위의 자료.

10 홍문기(2019). 〈1894년 〔감옥규칙(監獄規則)〕 성립과 근대 감옥제도의 도입 양상〉. 《한국사연구》, (185), 83~124쪽.

11 심재우(2011). 〈조선시대 연좌제의 실상: 〔연좌안〕 분석을 중심으로〉. 《한국문화》, 55, 87~113쪽.

제1장 순치의 시대 — 일제강점기(1910~1945년)

1 「칙령」 제229호.(1911.8.23.)

2 「조선총독부령」 제110호.(1911.10.20.)

3 우리역사넷.(contents.history.go.kr/mobile/km/view.do?levelId =km_002_0060_0010_0010)

4 강진호(2015). 〈일제강점기 [국어독본(國語讀本)]과 차별적 위계 교육〉. 《문학교육학》, 49, 89~118쪽.

5 이선영(2012). 「植民地朝鮮における言語政策とナショナリズム: 朝鮮総督府の朝鮮教育令と朝鮮語学会事件を中心に」. 『立命館国際研究』, 25(2), 495~519쪽.

6 드림워즈.(gjarchive.kr/c_show01/721)

7 2015.8.26.《한겨레》.〈120년 전 첫 한글 교과서 보고 얼마나 가슴 뛰던지〉.

8 위의 기사.

9 박경목(2016).〈일제강점기 서대문형무소 수감자 현황과 특징〉.《한국근현대사연구》, 78, 75~114쪽.

10 1923.5.6.《매일신보》.〈監獄을 刑務所로〉.

11 위의 기사.

12 남기정 역(1978).《일제의 한국사법부 침략 실화》. 육법사.

13 1920.9.18.《동아일보》.〈數字에 現한 獨立運動의 側面〉.

14 남기정 역(1978).《일제의 한국사법부 침략 실화》. 육법사.

15 통감부(1910).〈최근 한국에서의 진보〉.

16 양성숙(2006).〈일제하 서대문형무소 연구: 의병투쟁과 105인사건을 중심으로〉. 성신여자대학교 박사학위논문.

17 中橋政吉(1937).『朝鮮舊時の刑政』. 治刑協會; 양성숙(2006). 22~23쪽에서 재인용.

18 1922.11.22.《동아일보》.〈朝鮮에도 監獄改名〉.

19 서대문형무소역사관 홈페이지.(sphh.sscmc.or.kr)

20 안재홍(1931).〈버드나무 그늘(8월의 수필), 철창에 잠못든 囚人〉.《동광》, 24.

21 「조선총독부 제령」제7호.(1919.4.15.)

22 강성현(2013).〈아카(アカ)와 '빨갱이'의 탄생: '적(赤-敵) 만들기'와 '비국민'의 계보학〉.《사회와 역사》, 100, 235~277쪽.

23 2010.3.18.《중앙일보》.〈일본인 빼고 조선인에게만 적용한 야만적 '태형령' 공포〉.

24 「조선총독부 제령」제13호.(1912.3.18.)

25 이종민(1998).〈식민지하 근대감옥을 통한 통제 메카니즘 연구: 일본의 형사처벌 체계와의 비교〉. 연세대학교 박사학위논문.

26 2023.3.22.《레디앙》.〈조선인과 명태는 두들겨 패야-①〉.

27 1920.4.28.《동아일보》.〈朝鮮統治改良에 對한 外國人의 觀察 六〉.

28 사법부 감옥과(1917).「笞刑に就て」.『조선휘보』; 이종민(1998).〈식민지하 근대감옥을 통한 통제 메카니즘 연구: 일본의 형사처벌 체계와의 비교〉. 연세대

학교 박사학위논문. 88쪽에서 재인용.

29 1922.7.25.《동아일보》.〈監獄에 對한 予의 主文, 主文을 守치 못할 理由〉.

30 김병화(1976).《속 근대한국재판사》. 한국사법행정학회. 96~97쪽.

31 서대문형무소역사관.

32 박경목(2016).〈일제강점기 서대문형무소 수감자 현황과 특징〉.《한국근현대사연구》, 78, 75~114쪽.

33 박경목(2018).〈일제강점기 수형기록카드 현황과 명칭〉.《한국독립운동사연구》, 64, 201~240쪽.

34 Foucault, M.(1975).《감시와 처벌》. 오생근 역(2016). 나남.

35 국사편찬위원회 홈페이지.(www.history.go.kr)

36 1927.5.17.《조선일보》.〈고등요시찰인 사진표 5천여장, 한 시간에 1백여장 구어 내는 정교한 사진기계 놓고 제작〉.

37 국사편찬위원회 보도자료(2018).〈독립운동가의 얼굴, 문화재가 되다〉.

38 서대문형무소직원교우회(1939).〈사상범 수형자 소표 취급소속의 건(1934. 05.17.)〉.《西大門刑務所 例規類纂》.

39 박경목(2015).〈일제 강점기 서대문형무소 연구〉. 충남대학교 박사학위논문.

40 박경목(2014).〈기록으로 보는 일제강점기 서대문형무소 일상〉.《기록인》, 2014년 여름호(27), 76~83쪽.

41 서대문형무소직원교우회(1939).《서대문형무소 예규류찬》. 152쪽. 박경목(2014).〈기록으로 보는 일제강점기 서대문형무소 일상〉.《기록인》, 2014년 여름호, 27, 7쪽에서 재인용.

42 「조선총독부령」 제34호.(1912.3.20.)

43 「조선감옥령시행규칙」.〔「조선총독부령」 제34호.(1912.3.20.)〕

44 1939.6.23.《동아일보》.〈刑務所長會議 南總督의 訓示〉.

45 1935.12.5.《동아일보》.〈囚人文盲退治와 技術教育을 實施〉.

46 1937.7.16.《동아일보》.〈囚人教育擴大 平壤刑務所計劃〉.

47 「칙령」 제229호.(1911.8.23.)

48 「조선총독부령」 제110호.(1911.10.20.)

49 1939.12.29.《매일신보》.〈刑務所在監者에도 成人教育의 曙光 — 平壤에서 第一回 終了式〉.

50 Foucault, M.(1971).《담론의 질서》. 이정우 역(2014). 중원문화.

51 유철(2010).〈일제강점기(日帝强占期)『국어독본 (國語讀本)』함의 (含意)된 신체교육(身體教育) 고찰(考察)〉.《일본어문학》, 46, 305~324쪽.

52 1930.10.28.《매일신보》.〈咸北道農村의 成人教育狀況 讀本 二萬部 印刷配附〉.

53 강진호(2010).〈'조선어독본'과 일제의 문화정치: 제4차 교육령기 [보통학교 조선어독본]의 경우〉.《상허학보》, 29, 115~147쪽.

54 1930.12.7.《매일신보》.〈成人教育高調와 讀書熱漸旺盛〉.

55 위의 기사.

56 1926.2.5.《동아일보》.〈罪囚가 新聞熱讀〉.

57 김구(1997).《백범일지》. 돌베개.

58 백시현(2018).〈한국 교도소도서관 발전사 연구〉. 중앙대학교 석사학위논문.

59 1934.5.18.《매일신보》.〈在監者情舒教育 大田刑務所에서〉.

60 Foucault, M.(1975).《감시와 처벌》. 오생근 역(2016). 나남.

61 경북기록문화연구원 홈페이지.(www.gacc.co.kr)

62 박경목(2015).〈일제 강점기 서대문형무소 연구〉. 충남대학교 박사학위논문.

63 조선총독부(1917).『朝鮮總督府施政年報(1915)』. 75쪽; 박경목(2015). 36쪽에서 재인용.

64 1940.6.20.《매일신보》.〈應報行刑에서 教育行刑에〉.

65 김구(1997).《백범일지》. 돌베개.

제2장 전향의 시대 — 해방에서 제1공화국까지(1946~1961년)

1 최정기(2007).〈해방 이후 한국전쟁까지의 형무소 실태 연구: 행형 제도와 수형자의 경험을 중심으로〉.《제노사이드연구》, 2, 63~93쪽.

2 치정협회(1947).《형정》, 1.

3 「대통령령」제207호.(1949.10.27.)

4 여주교도소(2011).《선진교정의 요람 여주교도소》.

5 신동운(2001).〈수사지휘권의 귀속에 관한 연혁적 고찰 (1): 초기 법규정의 정비를 중심으로〉.《법학》, 42(1), 178~230쪽.

6 치정협회(1947). 74~75쪽. 최정기(2007). 73쪽에서 재인용.

7 오욱환·최정실(1993). 《미군 점령시대의 한국 교육: 사실과 해석》. 지식산업사.

8 대한교련30년사 편찬위원회(1977). 《대한교련30년사》. 46쪽.

9 1952.4.4. 《동아일보》. 〈民主政治와 民主軍隊〉.

10 2010.6.30. 《전북일보》. 〈군산교도소 개청 100년…"새로운 100년 열겠다"〉.

11 2020.10.16. 《세계일보》. 〈[삶과문화] 자신을 성찰하는 글의 힘〉.

12 법무부 교정본부 홈페이지.(www.corrections.go.kr/corrections/3515/subview.do)

13 법무부(1959). 《새길》, 62.

14 법무부(1957). 《새길》, 40.

15 「법무부령」 제57호.(1963.2.20. 시행)

16 공주교도소(2020). 《1500年의 時間과 空間: 공주교도소史》.

17 위의 자료.

18 서대문형무소역사박물관 소장 자료.

19 김우영(2016). 〈1950년대 도의교육의 개념과 성격〉. 《교육문제연구》, 22(2), 1~27쪽.

20 김사달(1948). 《학교양호위생의 긴급성과 실제》. 조선교육연합회.

21 법무부(1957). 《새길》, 38.

22 1954.4.17. 《경향신문》. 〈자칫하면 걸린다 輕犯罪処罰法 21日実施 (1)〉.
1954.4.18. 《경향신문》. 〈자칫하면 걸린다 輕犯罪処罰法 21日実施 (2)〉.
1954.4.19. 《경향신문》. 〈자칫하면 걸린다 輕犯罪処罰法 21日実施 (3)〉.
1954.4.21. 《경향신문》. 〈자칫하면 걸린다 輕犯罪処罰法 21日実施 (4)〉.

23 1954.6.5. 《경향신문》. 〈쏟아지는 輕犯罪〉.

24 법무부(2010). 《대한민국 교정사 (I)》.

25 공주교도소(2020). 《1500年의 時間과 空間: 공주교도소史》.

26 공주교도소(2020). 《1500年의 時間과 空間: 공주교도소史》.

27 1946.6.19. 《조선일보》. 〈아는것이"힘"〉.

28 강대중(2019). 〈성인학습과 평생학습〉. 김신일·강대중·김민호·김현수·양은아·양흥권·이지혜·채재은·최돈민·최선주·현영섭(2019). 《평생교육론》. 교육과학사.

29 1947.8.3. 《동아일보》. 〈千三百萬圓을計上 十七歲以上全部教育〉.

30 1947.8.3. 《동아일보》. 〈'서울'의 文盲은 半數가 開眼〉.

31 1947.8.3. 《동아일보》. 〈刑務所內서도 文盲退治運動〉.

32 이언담(2015). 〈한국교정 70년의 회고: 수용자 기본권 확장을 중심으로〉. 《교정연구》, 69(69), 41~79쪽.

33 1957.10.9. 《조선일보》. 〈囹圄의 文盲者退治〉.

34 경북기록문화연구원 사진아카이브.

35 위의 자료.

제3장 개조의 시대 — 군사정권기(1962~1979년)

1 김대근(2019). 〈박정희 정권기 코미디영화를 통한 국민 명랑화 전략: 텍스트의 정치적 함의를 중심으로〉. 《정치커뮤니케이션연구》, (55), 85~120쪽.

2 정경운(2011). 〈근대 지식인 룸펜의 문화사적 고찰 (1)〉. 《용봉인문논총》, 38, 219~248쪽.

3 정명중(2015). 〈인식되지 못한 자들, 혹은 유령들: 5월소설 속의 '룸펜'〉. 《민주주의와 인권》, 15(2). 5~38쪽.

4 2018.4.16. 《한국경제》. 〈[문학이야기(11)] 손창섭의 《잉여인간》〉.

5 성윤정(2004). 〈국민교육헌장과 박정희 정권의 국민통제〉. 성신여자대학교 석사학위논문.

6 법무부(1971). 《새길》.

7 여주교도소(2011). 《선진교정의 요람 여주교도소》.

8 1960년대 '혁명 공약'의 내용은 다음과 같다.(1963. 《새길》.)

1. 반공을 국시의 제일의로 삼고 지금까지 형식적이고 구호에만 그친 반공태세를 재정비 강화한다.
2. 유엔 헌장을 준수하고 국제협약을 충실히 이행할 것이며 미국을 위시한 자유우방과의 유대를 더욱 공고히 한다.
3. 이 나라 사회의 모든 부패와 구악을 일소하고 퇴폐한 국민도의와 민족정기를 다시 바로 잡기 위하여 청신한 기풍을 진작시킨다.
4. 절망과 기아선상에서 허덕이는 민생고를 시급히 해결하고 국가자주경제 재

건에 총력을 경주한다.

5. 민족적 숙원인 국토통일을 위하여 공산주의와 대결할 수 있는 실력배양에 전력을 집중한다.

6. (군인) 이와 같은 우리의 과업이 성취되면 참신하고도 양심적인 정치인들에게 언제든지 정권을 이양하고 우리들 본연의 임무에 복귀할 준비를 갖춘다.

(민간) 이와 같은 우리의 과업을 조속히 성취하고 새로운 민주공화국의 굳건한 토대를 이룩하기 위하여 우리는 몸과 마음을 바쳐 최선의 노력을 경주한다.

9 '재건국민운동 실천요강'의 내용은 다음과 같다.(1963.《새길》.)

1. 승공민주이념의 확립
2. 내핍생활의 여행
3. 근면정신의 고취
4. 생산 및 건설의식의 증진
5. 국민도의의 양양
6. 정서관념의 순화
7. 국민체위의 향상

10 국가법령정보센터.「행형법」(1961.12.23. 전부개정). [제정·개정 이유].

11 법무부(1970).《교정》.

12 법무부(1971).《교정》.

13 「법무부령 제29호」.(1961.12.29.)

14 법무부(1965).《교정》.

15 「법무부령 제176호」.(1971.10.1. 제정)

16 1976.8.5.《동아일보》.〈矯導所·拘置所도滿員이다〉.

17 1974.10.24.~26.《동아일보》.〈鐵窓 속의 別天地〉.(왼쪽부터 상·중·하 편)

18 박은하(2009).〈수형자 분류처우제도에 관한 연구〉. 전북대학교 석사학위논문.

19 「법무부령 제111호」.(1969.5.13.)

20 「모범교도소 집금대상자의 기준」.(1962.7.27.)

21 여주교도소(2011).《선진교정의 요람 여주교도소》.

22 Castel, R.(1991). *The Foucault Effect: Studies in Governmentality*, 281~298쪽.

23 1977.3.15.《동아일보》.〈少年院의 教育的 運營〉.

24 1975.10.15.《경향신문》.〈어딘가 잘못돼 있다(4) 行刑제도의 問題點〉.

25 1990.3.16.《조선일보》.〈少年院,「범죄대학」, 拷問〉.

26 김형탁(1971).〈矯導所 在所者들의 成人教育 實態에 關한 한 硏究: 大邱矯導所를 中心으로〉. 계명대학교 석사학위논문.

27 법무부(1984).《범죄백서》.

28 공주교도소(2020).《1500年의 時間과 空間: 공주교도소史》. 공주교도소.

29 박재홍(2016).《어느 교도소장의 하루》. 좋은땅.

30 위의 책.

31 1977.2.23.《경향신문》.〈矯導所에 文藝班 心性교육에 큰 성과〉.

32 1970.10.5.《경향신문》.〈蒼空에 편 獄窓의 솜씨〉.

33 경북기록문화원.(www.gacc.co.kr/coding/sub3/sub1_1.asp?id=6057&page=1&q=%EC%A0%95%EC%84%9C%EA%B5%90%EC%9C%A1)

34 위의 자료.

35 1975.10.15.《경향신문》.〈어딘가 잘못돼 있다(4) 行刑제도의 問題點〉.

36 1989.10.29.《시사저널》.〈그러나 용서할 수 없다〉.

37 황용희(2010).《가시울타리의 증언》. 멘토프레스.

제4장 순화의 시대 — 군부집권기(1980~1992년)

1 1980.10.23. 전보용지.〈특정지역 수용대상자 심사 및 조치 계획〉.

2 1980.11.28.《동아일보》.〈社會惡과 嚴罰主義〉.

3 1982.7.27. 판결, 80누86.

4 박재홍(2016).《어느 교도소장의 하루》. 좋은땅.

5 1998.8.4.《기독신문》.〈[나의발언] 신창원 사건 계기로 청소년 보호시설에 관심갖자〉.

6 박재홍(2016).《어느 교도소장의 하루》. 좋은땅.

7 공주교도소(2020).《1500年의 時間과 空間: 공주교도소史》. 공주교도소.

8 법무부.「재소자 특별순화교육 지침시달」(보안240-16946, 1980.8.30). 공주교도소(2020)에서 재인용. 273쪽.

9 1983.4.22.《경향신문》. 〈法務部 내년 開校 矯正학교 설립 矯導官 전문교육〉.

10 1988.10.15.《동아일보》. 〈교도소의 非理 〈中〉 새手法배우는 「범죄學校」〉.

11 1988.10.13.《동아일보》. 〈교도소의 非理〉.

12 Strait, A., & Eaton, S.(2017). *Post-secondary education for people in prison*. The Sillerman Center for the Advancement of Philanthropy.

13 2024.10.16.《더칼럼니스트》. 〈'유전무죄 무전유죄'…그들이 꿈꾼 세상은?〉.

14 2018.1.26.《오마이뉴스》. 〈이력서에 적은 '감옥 자격증'…나는 운이 좋았다〉.

15 1992.10.10.《연합뉴스》. 〈'범죄와의 전쟁' 선포 이후 5대범죄 감소〉.

16 김주호(2016). 〈자본주의 비판과 민주주의 요구의 결합: 1980년대 학생운동과 노동운동을 중심으로〉.《경제와사회》, 111, 205~236쪽.

17 1991.4.24.《한겨레》. 〈전국 시국사범 1천1백19명〉.

18 「법률 제4295호」.(1991.1.1. 시행)

19 「법무부령 제348호」.(1991.3.14. 일부개정)

20 법무부 교정국(1996).《矯正業務便覽》. 883~892쪽.

21 정우석(2011). 〈교정시설 내 인성교육(人性教育) 수용과정 고찰: 수형자 정신교육에서 인성교육으로의 변화과정을 중심으로〉.《인격교육》, 5(1), 109~135쪽.

22 송태호(1995).《교정교육학》. 미리내.

23 송태호(1995)와 정우석(2011)의 내용을 참고하여 재구성.

24 1993.2.19. 교화 23590-14.

25 법무부(2010).《대한민국교정사 II》.

26 천정환(2020). 〈수용자 인성교육의 변천과 개선방안〉.《교정연구》, 30(2), 105~134쪽.

27 법무부 교정국(2000).《矯正例規》. 정우석. (2011). 〈교정시설 내 인성교육(人性教育) 수용과정 고찰: 수형자 정신교육에서 인성교육으로의 변화과정을 중심으로〉.《인격교육》, 5(1), 109~135쪽에서 재인용.

28 1980.10.2.《동아일보》. 〈教育改革과平生教育〉.

29 1989.12.28.《한겨레》. 〈'80년대를 되돌아본다 (9) 책 깨진'금단'…마르크스 '자본' 40년만에 햇빛〉.

30 위의 기사.

31 전주교도소(2008).《전주교도소 100년사》. 전주교도소.

32 1985.6.6. 《동아일보》. 〈[세계의 教育] 〈20〉 本人 희망하면 平生공부〉.

33 UNESCO(1985). Fourth International Conference on Adult Education. Final Report. ED/MD/8 1. Paris, September 1985.

34 Evren, B. (2020). *Books Beyond Bars: The transformative potential of prison libraries*: Lisa Krolak. UNESCO Institute for Lifelong Learning(UIL), Hamburg, 2019, 50p.

35 위의 자료.

36 2012.6.25. 《나우뉴스》. 〈'1년에 12권 독서하면 형량 단축' 브라질 법 제정〉.

37 2019.5.9. 《나우뉴스》. 〈"감옥 가기 싫지? 그럼 공부해" 페루 법원, 절도범에 이색 판결〉.

제5장 자기규율의 시대 — 문민화 이후(1993~2006년)

1 이승호 외(1998). 《한국 감옥의 현실: 감옥 인권실태 조사보고서》. 사람생각.

2 조병인·원혜욱·민수홍·이경재(2004). 《수용자 외부교통 확대방안 연구》. 한국형사정책연구원 연구총서, 2004(6), 1~380쪽.

3 1998.12.19. 《매일신문》. 〈大盜 조세형 교도소인권 증언〉.

4 2009.11.26. 《법조신문》. 〈[사형제] 사형폐지운동 20년 약사〉.

5 위의 기사.

6 이백철(2015). 《교정학》. 교육과학사.

7 류정순(1998). 〈IMF 사태 이후 복지수요와 생활의 변화〉. 《복지동향》.

8 1994.5.14. 《동아일보》. 〈"꿈속에 그리던 한국" 여만철씨 北韓탈출기〈4〉 北주민 黨선전 안믿는다〉.

9 1998.5.27. 《경향신문》. 〈IMF이후 강·절도 늘어 수감자 7만 돌파, 교도소 초만원〉.

10 1998.6.4. 《한겨레》. 〈'생계형' 범죄 동정적 표현〉.

11 한상훈(2003). 〈민영교도소의 허용성과 한계〉. 《형사정책연구》, 53, 5~50쪽.

12 「법률 제6206호」.

13 「대통령령 제16996호」.

14 김화수(1999). 〈과밀수용의 원인 및 대책〉. 《교정》, 275, 11~39쪽.

15 법무연수원(2008). 《범죄백서》, (25).

16 World Prison Brief.(www.prisonstudies.org)

17 「법무부와 그 소속기관 직제 시행규칙」.(2006.2.3. 시행)

18 정우석(2011). 〈교정시설 내 인성교육(人性教育) 수용과정 고찰〉. 《인격교육: 수형자 정신교육에서 인성교육으로의 변화과정을 중심으로》, 5(1), 109~135쪽.

19 신창원(1999); 《중부매일》(2013.6.10.). 〈심리적 '내부 고발자'를 만드는 교사〉에서 재인용.

20 2011.8.30. 《한국교육신문》. 〈'신창원 907일의 고백'을 읽고〉.

21 1999.8.4. 《기독신문》. 〈'나의발언' 신창원 사건 계기로 청소년 보호시설에 관심갖자〉.

22 박병용(2006). 〈해방 이후 한국 교정사에 관한 고찰〉. 《법조》, 55(7), 258~ 300쪽.

23 법무부.(mojjustice.tistory.com/8703745)

24 국회사무처(2001). 《국정감사 자료집》.

25 2003.6.4. 《오마이뉴스》. 〈사회보호법, 폐지만이 대안〉.

26 「예규교화 제514호」.(1999.5.25.)

27 블로그 '갇힌 자들을 돌보아라!!'.(blog.naver.com/bkt6707/221696474099)

28 「법무부령 제1072호」.(2024.2.8. 일부개정)

29 2024.5.17. 《제주소통투데이》. 〈제주시가족센터, 제주교도소와 '가족사랑캠프' 진행〉.

30 김춘경 · 이수연 · 이윤주 · 정종진 · 최웅용(2016). 《상담학 사전》. 학지사.

31 법무부(2010). 《대한민국교정사 II》.

32 위의 자료.

33 신용해(2012). 〈수형자 교정교육의 현황과 개선방안〉. 《교정연구》, 57, 61~104쪽.

34 법무부 교정본부(2025). 《2025 교정통계연보》.

35 법무부(2010). 《대한민국교정사 II》.

36 위의 자료.

37 2023.01.26. 《로이슈》. 〈순천교도소, 수형자 전문학사 학위수여식 거행〉.

38 「법무부예규 제669호」.

39 UNESCO(1997). *5th International Conference on Adult Education: final report.*

40 정희섭 · 이용배 · 조은경 · 이수정 · 최혜자 · 곽형모 · 강원재 · 김영현 · 박태옥(2005). 〈교정시설 수용자를 위한 문화예술교육 프로그램 운영방안 연구〉. 《문화예술교육과 연구》. 문화관광부.

41 Foucault, M.(1975). 《감시와 처벌》. 오생근 역(2016). 나남.

42 「법무부령 제1072호」.(2024.2.8. 시행)

43 2008.1.20. 《중앙일보》. 〈신출귀몰 탈옥수 신창원 '법학 열공중입니다'〉

44 「법무부예규 제740호」.

제6장 **치료의 시대(2007~2013년)**

1 「형의 집행 및 수용자의 처우에 관한 법률」.(법률 제8728호, 2008.12.22. 시행)

2 「법무부령 제655호」.(2008.12.19. 제정)

3 2014.9.4. 판결, 2013구합3406.

4 2018.5.18. 판결, 2018누2293.

5 최영신 · 김승만 · 박형민(2006). 〈직무분석을 통한 직무환경 개선 및 사기진작 방안〉. 《2005년도 법무부 연구용역 최종보고서》. 한국형사정책연구원.

6 배은경(2009). 〈'경제 위기'와 한국 여성: 여성의 생애전망과 젠더/계급의 교차〉. 《페미니즘 연구》, 9(2), 39~82쪽.

7 손현정 · 이종혁(2012). 〈성범죄 보도가 여성 수용자의 사회적 현실인식에 미치는 영향: 2단계 문화계발 모델의 매개효과 검증〉. 《한국언론학보》, 56(2), 357~378쪽.

8 2014.10.10. 《미디어스》. 〈늑대 조심을 외치는 우리를 조심하라〉.

9 법무부(2011). 〈교정심리치료센터 운영 계획〉.

10 법무부(2011). 〈성폭력사범 교육 운영 계획〉.

11 윤종우 · 김진아 · 김창식 · 배종원 · 이현욱 · 신용길 · 김경하 · 손재수(2009). 〈피보호감호자 『누리품』 교육 프로그램〉. 청송제3교도소.

12 위의 자료.

13 위의 자료.

14 2009.8.12. 《영남일보》. 〈청송 제2교도소 '아리랑 캠프'〉.

15 2009.9.8. 《머니투데이》. 〈'정서장애' 수형자 치료프로그램 실시〉.

16 2007.3.14. 《서울신문》. 〈재소자, 철학강의 30분만에 "저기요…"〉.

17 이명원·김영진·오창익·한인섭·도정일·조광제·박태영(2010). 〈교정기관 수용자들에 대한 인문학 교육 활성화 방안〉. 민주당 이춘석·경희대학교·성공회대학교·수유너머·인권연대·지행네트워크.

18 고병헌·고병권·조동주·오창익(2008). 〈평화인문학 발전을 위한 워크숍〉. 평화인문학 운영위원회.

19 2023.12.18. 《제주의소리》. 〈제주교도소 수용자 사회 복귀 돕는 '평화인문학' 진행〉.

20 2012.06.15. 《경상일보》. 〈울산구치소 '심재도서관' 개관식〉.

21 「법무뷰예규 제907호」.(2009.9.28. 제정)

22 오재돌(2010). 〈수용자 직업훈련과 출소자 취업연계에 관한 소고〉. 《교정담론》, 4(2), 23~34쪽.

23 이창한·최성락·이창배·정종원·김도우·이완희·이병도·이승현·라광현·노기윤·박희균·정수웅·정재훈·동국대학교 산학협력단(2017). 〈(2017년도 법무부 정책연구용역) 수형자 직업훈련대학 설립 타당성 연구용역〉.

24 「법무부령 제29호」.(1961.12.29. 제정)

25 「법무부예규 제816호」.(2008.12.18. 제정)

제7장 위험관리의 시대 — 오늘날의 교정교육(2014년 이후)

1 우선희(2018). 〈범죄 피해 불안과 인구사회학적 요인: 유럽국과의 비교를 중심으로〉. 《보건복지포럼》, 261, 66~80쪽.

2 위의 자료.

3 박지선·박상조(2013). 〈언론의 범죄 관련 보도가 대중의 범죄 발생 인식에 미치는 영향〉. 《경찰학논총》, 8(1), 295~316쪽.

4 Foucault, M.(1975). 《감시와 처벌》. 오생근 역(2016). 나남.

5 위의 책.

6 배종대(2006). 〈"특별" 형법을 "보통" 형법으로 만들기〉. 《형사정책》, 18(1), 9~20쪽.

7 박혜림(2020). 〈교화 및 재사회화를 위한 수형자의 재범위험성 평가에 대한 재고찰: 미국 연방수형자의 교화 및 재사회화 법률을 중심으로〉. 《법학논집》, 24(3), 201~222쪽.

8 법원행정처(2020). 《사법연감》.

9 2023.12.25. 《서울신문》. 〈100명 살 곳에 118명…'콩나물 교도소' 역행〉.

10 World Prison Brief.(www.prisonstudies.org)

11 2018.8.8. 《중앙일보》. 〈교도관들 감방 사고 막기 급급, 교정 · 교화 엄두도 못내〉.

12 법무부(2024). 《교정통계연보》.

13 「법무부예규 제1127호」.(2016.9.1. 제정)

14 Foucault, M.(1975). 《감시와 처벌》. 오생근 역(2016). 나남.

15 법무연수원(2024). 《2024 범죄백서》.

16 Foucault, M.(1975). 《감시와 처벌》. 오생근 역(2016). 나남.

17 법무부(2019). 〈2020년 심리치료 프로그램 운영 계획〉.

18 위의 자료.

19 2025.6.22. 《더시사법률》. 〈재범예측지표…'범죄 계급도' 아닌 '재범 방지 도구' 돼야〉.

20 천주교인권위원회(2023.7.12.). 〈[보도자료] 국가인권위의 교정재범예측지표 개선 권고에 대한 논평〉.

21 「분류센터 운영지침」.(2025.3.25. 일부개정)

22 2014.3.21. 《파이낸셜뉴스》. 〈수형자 인성교육 강화해 재범 막는다〉.

23 법무부(2013). 〈수형자 교정교화 종합 대책: 내면의 근본적 변화를 위한 실질적 교정교화프로그램 추진 방안〉.

24 최영신 · 박선영(2015). 《수형자 집중인성교육 프로그램 운영에 관한 연구》. 형사정책연구원.

25 위의 자료.

26 법무부(2015). 〈2016년도 집중인성교육 개선 계획(안)〉.

27 위의 자료.

28 위의 자료.

29 법무부(2015). 〈2016년도 집중인성교육 개선 계획 시달〉.

30 법무부(2019). 〈집중인성교육 효과성 분석 및 개편방안 시달〉.

31 위의 자료.

32 위의 자료.

33 장선숙(2019). 《왜 하필 교도관이야?: 편견을 교정하는 어느 직장인 이야기》. 예미.

34 최영신·박선영(2015). 《수형자 집중인성교육 프로그램 운영에 관한 연구》. 형사정책연구원.

35 법무부(2018). 〈수용자 교육 내실화를 위한 개선방안 시달〉.

36 법무부(2013). 〈수형자 교정교화 종합 대책: 내면의 근본적 변화를 위한 실질적 교정교화프로그램 추진 방안〉.

37 2019.11.21. 《한국일보》. 〈[여자교도소 교도관 체험] 수용자 마음관리도 큰 일… 감시자가 상담까지 하는 '이중고'도〉.

38 윤정숙·김민영·이태헌(2020). 《교정시설 내 성범죄자 심리치료 프로그램 효과성 평가 연구》. 형사정책연구원.

39 유병철(2011). 〈교정시설 수용자 교화를 위한 종교인의 역할과 기여〉. 《교정연구》, 53, 7~49쪽.

40 정진수(2001). 《형사절차에서 민간자원봉사활동의 실태와 개선방안》. 형사정책연구원.

41 Foucault, M.(1975). 《감시와 처벌》. 오생근 역(2016). 나남.

에필로그 교도소는 학교가 될 수 있을까?

1 2018.8.8. 〈중앙일보〉. 《교도관들 감방 사고 막기 급급, 교정·교화 엄두도 못내》.

추천사

수형자受刑者의 교정교화矯正敎化는 교도소矯導所를 둔 근본 취지이다. 한 사람의 품성品性과 행위行爲를 다시 단단하게 세워 선한 마음을 회복하도록 이끄는 중대한 교육적 과업을 수행하는 곳이 교도소이다. 인간의 삶은 어떤 경우에 처하든 항상 성찰과 변화를 향한 가능성을 내포하고 있으며, 이러한 가능성을 일깨우고 가다듬는 일은 수형자의 처우 개선 차원을 넘어 평생교육이 추구하는 본령과도 맞닿아 있다. 그러므로 교도소는 삶을 길러내는 교육, 즉 평생교육平生敎育을 실천하는 최전선인 셈이다.

그동안 한국의 교도소는 주로 형벌 집행의 장으로 이해되어 왔다. 그러나 교도소 담장 안에서는 인간의 성장 기회를 복원하고, 학습을 통하여 삶의 질서를 새로 정립하도록 돕는 교육 기능이 조용히 축적되어 왔다. 이 책은 그와 같은 교도소의 기능과 역할을 역사적 맥락과 제도적 흐름 속에서 면밀히 조명하며, 교정시설을 평생교육기관으로 바라보는 새로운 관점을 정제된 필치로 제시한다.

교도소 내에서 이루어지는 다양한 학습 활동, 수형자의 변화 경험, 교정인력의 전문성, 사회 복귀를 위한 교육지원체계 등은 우리 사회가 간과해서는 안 되는 중요하고 의미 있는 일이다. 특히 삶을 재구성하는 학습과정과 이를 이끌고 돕는 교육이 사회로부터 격리된 공간 안에서 지속된다는 사실은, 평생교육이 갖는 실존적 의의를 다시금 일깨워 준다.

이 책은 교정교화의 이념과 평생교육의 가치가 만나는 지점을 깊이 탐구하여 우리 사회의 교육 공간이 어디까지 확장될 수 있는지, 그리고 학습권이 누구에게나 열려야 한다는 원리가 어떻게 현실 속에서 구현될 수 있는지를 성찰하게 한다. 교정교육은 인간의 회복과 사회의 안녕을 동시에 지향하는 고도의 공익적 실천이다. 그 의미를 온전히 드러내는 이 책을 통해 우리 사회가 보다 성숙한 교육적 시야를 확보할 수 있게 되었다. 교정은 물론 교육에 관심 있는 모든 분들의 일독을 권한다.

— 강대중(前 국가평생교육진흥원장, 서울대학교 교수)